홈택스 부가가치세 신고가 이렇게 쉽다고?

핵심을 짚어주는
초간단 세금신고
가이드북

홈택스

부가가치세 신고가

이렇게
쉽다고?

| 정효평, 최용규 지음 |

이것만 알면
세무사 안 둬도
됩니다!

차례

3장 일반과세자의 홈택스 매출신고

4장 일반과세자의 홈택스 매입신고

5장 간이과세사업자의 부가가치세 신고

프롤로그

부가가치세 신고를 직접 하려는 사장님들이 점점 늘고 있습니다. 뭐든 아껴야 한다는 절실함이 예전보다 훨씬 커진 이유도 있지만 부가가치세를 공부해 보니 생각했던 것보다 어렵지 않게 신고를 할 수 있겠다는 생각이 들기 때문입니다.

그런데 막상 홈택스에 로그인하고 뭔가를 해 보려고 하니 모든 것이 낯설고 어떻게 시작해서 어떤 곳에 어떤 내용을 입력하고 어떤 순서로 진행해야 하는지 알기 어렵습니다. 특히나 코로나의 여파로 배달 전문점이 폭발적으로 늘어난 이후 대부분의 사장님들이 배달의민족이나 요기요 등의 플랫폼을 통한 매출을 홈택스에 어떻게 입력해야 하는지 모르는 경우가 너무 많습니다. 그래서 준비했습니다.

사업자의 세금을 쉽게 해결해 준다는 세무 프로그램은 시중에 많이 나와 있습니다. 영수증을 사진으로 찍어서 보내고, 아주 적은 돈만 내면 다 해결해 준다는 다양한 업체들이 난립하고 있습니다. 제아무리 싸고 쉽고 편리한 프로그램이 나오고 뛰어난 인공지능이 복잡한 세금 문제를 해결해 준다 하더라도 세금, 특히 사업을 하는 동안 우리가 관심을 갖고 처리해야만 하는 골치 아픈 부가가치세의 간단한 기본 원리를 이해하지 못하면 제대로 된 절세를 할 수 없습니다.

세상 어떤 것들도 무작정 따라하기만 해서는 자신의 것으로 만들기 어렵습니다. 하지만 부가가치세는 이 책을 따라 무작정 따라해 보면 알 수 있습니다. 그만큼 쉽습니다. 어디서도 알려 주지 않는 팁들도 함께 알려드립니다. 어떻게 하면 부가가치세 납부세액을 줄일 수 있을 것인지 알 수 있습니다. 그러기 위해서는 아주 기본적인 내용은 알고 있어야 합니다. 그런 내용을 기록했습니다. 그리고 한 장 한 장 넘기면서 그대로 신고할 수 있도록 작성했습니다.

도대체 사업자가 납부해야 할 부가가치세는 어떻게 계산되고 어떻게 줄일 수 있는지, 일반과세사업자와 간이과세사업자가 납부해야 할 부가가치세는 어떻게 다른지 알아야 합니다. 다만 홈택스에서 제공하는 모든 걸 다 알 필요는 없습니다. 자신의 사업에 꼭 필요한 항목들만 챙기면 됩니다. 우리는 세무회계를 공부하는 학생이 아니니까요. 그냥 부가가치세 신고만 잘 하면 됩니다. 딱 거기까지만 알고 꼭 필요한 것만 채우고 납부해야 할 금액만 납부하면 그만이에요. 그 이상은 군이 알 필요는 없습니다. 적어도 홈택스 부가가치세 신고에 한해서는 말이죠.

우리가 사용하는 대부분의 전자제품들에는 필요 이상의 기능들이 많습니다. 저는 통화와 문자를 포함해 필요한 몇 가지 앱만 원활하게 사용할 수 있는 휴대전화면 충분한데, 단말기를 교체할 때까지 단 한 번도 사용하지 않는 온갖 기능을 갖춘 높은 사양의 제품을 비싸게 사서 쓰고 있습니다. 특정한 소수의 누군가에게는 꼭 필요한 기능일 수도 있습니다. 하지만 우리에게는 필요한 기능들만 골라서 구성한 제품을 구입할 수 있는 선택권이 없습니다.

홈택스에서는 우리가 마음대로 선택해서 꼭 필요한 빈칸만 채워 최소한의 부가가치세를 납부할 수 있는 선택권이 있습니다. 그것 또한 우리의 의무이죠. 납세의

의무 따위를 말하는 것은 아닙니다. 돈을 더 많이 벌기 위해 사업을 시작한 우리는 절세해야 할 의무가 있습니다. 누구도 우리의 절세를 원하지 않기 때문에 스스로 절세하기 위한 노력해야 합니다. 이 책을 통해 시간과 노력을 많이 들이지 않아도 된다는 것과 적은 노력에 비해 성과물은 거대하다는 것을 느껴보길 바랍니다.

이 책의 흐름은 크게 다음과 같은 순서로 진행됩니다. 먼저 처음에는 부가가치세 개념을 이해하기 위한 용어를 설명합니다. 두 번째로 신고 전에 무엇을 미리 준비해 두면 좋은지도 설명해드릴게요. 납부할 세금을 줄여 주는 방법에 대한 이야기까지 포함해서요. 세 번째는 부가가치세 신고의 전체적인 흐름에 대해 설명합니다. 얼개를 이해하고 나면 이해가 빠르니까요.

네 번째는 직접 신고하면서 어떤 칸에 어떤 숫자를 입력해야 하는지 챙겨 봅니다. 이 단계에서는 있는 그대로의 자료를 입력만 하는 것이기 때문에 사전에 매출과 매입 관련 자료를 잘 정리하고 집계까지 해 두셔야 합니다.

홈택스 시스템은 매월, 매분기, 매년 업그레이드되고 있습니다. 이 책은 홈택스가 업그레이드되는 것과 상관없이 부가가치세 신고에 대한 큰 틀을 이해할 수 있도록 기획했습니다. 적어도 매출의 규모와 상관없이 부가가치세를 스스로 신고할 수 있다는 자신감을 얻을 수 있습니다. 그리고 홈택스 시스템에 어떤 변화가 있더라도 앞으로 부가가치세 신고를 하는 데 전혀 어려움이 없을 거라고 확신합니다.

너무 쉬워서 서론이 길 이유는 없을 것 같네요. 한 번만 따라해 볼까요? 그렇다면 혼자서도 잘 할 수 있는 사람은 굳이 이 책을 볼 필요가 없을까요? 그동안 제대로 잘 했는지 빠뜨린 것은 없는지 확인해 보기 바랍니다. 그럼 이제 한 번 확인해 봅시다! 개인사업자가 해야 하는 부가가치세 신고가 얼마나 쉬운지!

아무쪼록 편안하고 세금 줄이는 즐거운 시간이 되시기 바랍니다.

1장

사업자의
부가가치세

01
절세의 시작,
부가가치세 쉽게 이해하기

부가가치세란?

부가가치세는 대표적인 간접세로, 소비를 하는 모두가 10%의 단일세율로 국가에 지불하는 세금입니다. 최종 소비자의 입장에서는 그렇습니다. 하지만 우리는 사업자잖아요? 사업자에게 부가가치세는 세 종류가 있다고 보면 됩니다.

> 첫째, 물건을 팔 때 소비자로부터 받는 부가가치세(매출 부가가치세)
> 둘째, 사업에 필요한 물건을 살 때 거래처에 지불하는 부가가치세(매입 부가가치세)
> 셋째, 국가에 그 차액(매출 부가가치세 – 매입 부가가치세)을 납부하거나 환급받는 부가가치세

그런데 이걸 그냥 셋 다 '부가가치세'라고 하니까 헷갈리는 거죠. 이 책을 통해서 우리가 하려는 것은 부가가치세의 신고와 납부니까 세 번째 의미의 부가가치세라

고 보면 되겠습니다. 이 책을 읽고 제대로 알고 나면 상황에 따라 그냥 부가가치세라고 해도 모두 이해할 수 있습니다.

최종 소비자나 사업자에게 사장님의 제품이나 상품을 팔 때 받아 두는(혹은 맡아두는) 부가가치세를 매출세액이라고 하고 거래처에서 필요한 물건을 살 때 거래처에 지불하는 부가가치세를 매입세액이라고 합니다.

예를 들면 사장님이 후라이드 치킨 한 마리를 11,000원에 판다면 매출세액(판매할 때 받아 두는 부가가치세)은 판매금액을 11로 나눈 1,000원이 됩니다. 그런데 그 치킨 한 마리를 염지된 상태로 거래처에서 살 때, 3,300원을 지불했다면 매입세액(구입할 때 지불하는 부가가치세)은 구입금액을 11로 나눈 300원이 됩니다. 그래서 매출세액 1000원과 매입세액 300원의 차액 700원을 신고하고 납부한다고 보면 됩니다.

 TIP

세금은 아무에게나 걷는 것이 아니라 특정 요건을 충족한 경우에만 발생합니다. 이러한 특정요건을 과세요건이라고 합니다. 과세요건은 아래와 같이 네 가지가 있습니다.

1. 납세의무자: 세금을 납부할 의무가 있는 대상
2. 과세대상: 세금이 부과되는 대상
3. 과세표준: 과세대상의 크기
4. 세율: 세액을 구하기 위해 과세표준에 곱하는 비율

예를 들어, 갈비집을 운영하는 최 사장님이 손님으로부터 돼지갈비 값으로 33,000원을 받았습니다.

그런데 33,000원이 전부 사장님의 돈일까요? 아닙니다. 손님이 지불한 식대를 '매출 = 매출액 + 매출세액' 공식으로 풀어 보겠습니다.

33,000원(매출) = 30,000원(매출액) + 3,000원(매출세액)

여기서 매출세액 3,000원은 손님이 국가에 납부할 부가가치세를 최 사장님이 잠깐 맡아 놓은 것입니다. 따라서 매출세액 3,000원은 최 사장님의 돈이 아니고, 부가가치세 신고기간에 납부해야 할 부가가치세입니다.

손님의 부가가치세를 사장님이 받았다가 대신 납부하는 것입니다. 매출세액의 납세자는 손님이고, 사장님은 납세의무자입니다. 여기서 '의무'라는 말에 주목하기 바랍니다. 부가세를 납부하지 않았다고 가산세와 벌금을 내는 사람은 누굴까요? 손님일까요? 사장님일까요? 사장님입니다. 손님은 가격을 지불함으로써 이미 부가세를 납부한 것으로 간주됩니다. 사장님이 이를 몰랐다면 그것은 바로 사장님의 잘못입니다.

이렇게 납세자와 납세의무자가 다른 세금을 간접세라고 부릅니다. 이 예제의 과세요건은 이렇습니다.

* 납세의무자: 갈비집 최 사장님(세금을 납부할 의무가 있는 대상)
* 과세대상: 돼지갈비(세금이 부과되는 대상)
* 과세표준: 돼지갈비값 30,000원(과세대상의 크기)
* 세율: 10%(세액을 구하기 위해 과세표준에 곱하는 비율)

정리하면 부가가치세의 납세자는 손님이고 납세의무자는 사장님이기 때문에, 손님으로부터 받은 부가가치세를 잠시 맡아 두었다가 신고기간에 국가에 납부하는 것입니다. 그런데 대다수의 사장님들이 그 부가가치세를 자신의 수입으로 인식하고 있어서 부가가치세 신고기간만 되면 세금이 너무 많아 장사를 할 이유가 없다고 볼멘소리를 합니다. 부가가치세를 제대로 알고 시작해야 하는 이유입니다.

사장님이 물건을 구입할 때도 마찬가지로 부가가치세가 포함된 가격에 구입을 합니다. 33,000원에 판매한 음식값의 재료비가 11,000원이라고 가정해 봅시다. 마찬가지로 재료비 11,000원을 '매입 = 매입액 + 매입세액(11,000원 = 10,000원 + 1,000원)'으로 풀어 보면 사장님 역시 재료를 구입할 때 1,000원의 부가가치세를 더하여 지불한 것입니다.

그럼 위의 경우에 부가가치세는 얼마일까요? 손님으로부터 부가가치세를 포함한 33,000원을 받았고, 재료를 구입할 때도 부가가치세가 포함된 11,000을 지불하였습니다. '부가가치세 = 매출세액 - 매입세액'이란 공식으로 계산합니다.

> 3,000원(매출세액) - 1,000원(매입세액) = 2,000원(부가가치세)

사업자는 손님으로 부터 받은 부가가치세 3,000원(매출세액)을 그대로 납부하는 것이 아니고, 재료비에 대한 부가가치세(매입세액)를 빼고 납부하는 것입니다. 그래서 위의 경우에 부가가치세는 2,000원이 됩니다.

초보 사장님 그런데 부가가치세를 신고할 때 임대료와 몇몇 항목들도 포함해서 신고하는 거 아닌가요?

택스코디 네, 맞습니다. 잘 아시네요. 부가가치세는 종합소득세와 달리 공제 범위가 매우 협소합니다. 고작해야 재료비와 임대료, 공과금 정도죠. 등록된 직원이 있다면 식비나 의복비 정도에 포함되는 부가가치세를 공제받을 수 있습니다. 여기서 두 가지로 나눠 볼 수 있습니다. 수시로 발생하는지, 정기적으로 발생하는지의 여부입니다. 재료비나 직원 관련 지출은 수시로 발생합니다. 그에 따른 부가가치세(매입세액)는 잘 정리해 두시면 됩니다. 임대료나 공과금은 매월 정기적으로 발생합니다. 그러니까 월별로 합산하면 정리가 편합니다. 부가가치세를 월별로 정리를 해 두면 매년 1월과 7월에 신고하고 납부해야 할 부가가치세를 가늠할 수 있어서 큰 부담이 없습니다.

한 번 더 정리하면, 부가가치세 신고는 매출세액에서 매입세액을 뺀 금액을 신고하고 납부하는 것입니다. 신고하고 납부하는 금액이 적으려면 어떻게 해야 할까요? 당연히 매입세액이 많으면 좋겠죠? 하지만 요즘 거래가 투명해진 만큼 매입세액 자료를 준비하기가 여간 어려운 게 아닙니다. 그래서 주변에서 사장님들이 부가세 폭탄이란 말들을 많이 합니다.

부가세 폭탄 맞았어요. 세무사를 바꿔야 하나요?

부가가치세는 번 돈의 부가세(매출세액)에서 벌기 위해 쓴 돈의 부가세(매입세액)를 빼는 공식으로 계산합니다. 부가가치세가 많이 나왔다면 번 돈에 비해 벌기 위해 쓴 돈이 적거나, 혹은 벌기 위해 돈을 썼지만 적격증빙을 수취하지 못하여 매입세액 공제를 받지 못한 것입니다.

세무대리인의 계산법은 다를까요? 그들의 계산법도 동일합니다. 아직도 많은 사장님들이 세무사를 써야만 절세를 한다고 생각하는데, 절세는 적격증빙만 잘 수취하면 저절로 되는 것입니다. 적격증빙이 무엇인지도 모르고 관심도 없는데, 세무사를 바꾸면 세금이 줄어들까요? 지금부터라도 세금에 관심을 가져야 합니다. 그래야만 다음 부가가치세는 폭탄을 맞지 않을 것입니다. 본격적으로 시작하기에 앞서 몇 가지 절세 팁을 드리겠습니다.

첫 번째, 사업용 카드(홈택스에 등록하는 사업자 명의의 카드)는 하나만 쓰는 것을 권합니다. 등록한 하나의 카드만 사업용 지출에 사용해야 부가가치세 신고가 편합니다. 이 책을 따라 신고를 해 보면 알겠지만 홈택스에 등록된 카드의 공제/불공제를 확인하는 과정이 필요합니다. 홈택스가 모든 것을 자동으로 정확하게 처리해 주지 않습니다. 분명히 공제 처리가 되어야 할 부분이 불공제로 표기되어 있다면 공제로 바꿔야 합니다.

그런데 카드를 여러 개 등록하고 사업용 지출과 개인용 지출이 뒤죽박죽 섞여 있다면, 공제/불공제를 확인하는 것이 여간 번거로운 일이 아닙니다. 과연 고용한 세무대리인이 월 10만 원 남짓의 돈을 받고 이런 번거로운 작업을 대행해 줄까요?

더불어 음식점을 운영하고 있다면 식자재는 홈택스에 등록한 신용카드로 구매하는 것을 추천합니다. 신고 시 홈택스에 들어가서 확인하면 식자재는 거의 불공제로 처리된 것을 확인할 수 있습니다. 식자재는 면세이기 때문입니다. 면세 식자재 구입에 쓴 비용은 의제매입세액 공제를 받으면 됩니다. 그러므로 사업자 명의의 신용카드 하나를 식자재 구입 전용으로 사용하면 신고 시 편리합니다.

두 번째, 공과금은 사업자 명의로 전환해야 합니다. 그러면 자동으로 전자세금계산서가 발행되기에 홈택스 신고 시 불러오기를 활용하면 편리합니다.

번 돈에서 벌기 위해 쓴 돈을 빼면 이익이 됩니다. 이익이 발생하면 세금을 내야 하는 것이 당연합니다. 만약 반대로 벌기 위해 쓴 돈이 더 많다면 환급을 받게 됩니다. 환급을 받으면 좋아할 것이 아니라 망했다고 생각하시면 됩니다. 환급은 창업 초기에 어쩔 수 없이 큰 비용을 지출하게 될 때 딱 한 번만 받는 것이 맞습니다. 창업 후 두 번째 부가가치세 신고도 환급받았다면 대부분 망했다고 보면 됩니다. 망하지 않고 계속 환급을 받는다면 세무관청에서는 관심을 갖게 되고 세무조사 대상이 될 수도 있습니다.

벌기 위해 쓴 돈에 관심을 가지고 적격증빙을 많이 수취함으로써, 벌기 위해 쓴 돈이 많다는 것을 증명할 때 비로소 세금을 적게 낼 수 있습니다. 하지만 그 한계는 분명합니다. 부가가치세를 적게 내기 위해 장사를 하는 것이 아니기 때문입니다. 적은 돈을 쓰고도 많이 벌 수 있다면 그게 가장 좋습니다. 부가가치가 높은 사업을 하시는 거죠. 그래서 적은 돈을 쓰고도 돈을 많이 벌었으면 최대한 줄일 수 있는 만큼 줄이는 것이 절세의 핵심입니다.

02
알수록 돈이 되는
매출세액과 매입세액

매출세액

앞서 언급한 것처럼 매출세액과 매입세액이 부가가치세의 전부입니다. 그런데 매출세액에는 별로 관심 갖지 않아도 됩니다. 매출에 포함되어 있기 때문입니다. 굳이 집계하고 기록하지 않아도 국가가 알고 있는 것이 매출입니다.

왜냐하면 요즘은 매출의 약 95%가 신용카드나 현금영수증을 발급하는 매출이기 때문입니다. 그래서 모두가 알고 있다고 해서(국세청에서 확인이 가능하다고 해서) 드러난 매출이라고 합니다. 반면 현금을 내고 현금영수증을 발급하지 않은 경우는 거의 없습니다. 또한 흔히 매장마다 있는 포스 단말기에 매출내역이 기록되기 때문에 파악하기도 그만큼 쉽습니다.

그리고 그 매출 안에 포함된 매출세액은 최종 소비자가 국가에 납부하는 부가가치세를 대신 받아 놓은 것이라는 것을 알면 마음이 좀 편안해질까요? 그렇지 않습니다. 매입세액을 제대로 알고 준비해야 마음이 편안해집니다. 그래야 신고하고 납부할 부가가치세가 줄어들기 때문입니다. 절세의 꽃길을 걷기 위해서는 이 정도는 알아야 합니다.

참고로 매출, 그러니까 판매한 상품가격을 11로 나누면 매출세액이 됩니다. 예를 들어, 11,000원짜리 상품을 하나 팔면 매출세액이 1,000원이 됩니다. 그런데 상품가격을 10,000원으로 정해놓으면 매출세액이 909.09원이 됩니다. 지저분하고 복잡해 보입니다.

그래서 상품가격을 정할 때는 매출세액, 그러니까 부가가치세를 포함한 가격으로 정하는 것이 좋습니다. 그리고 그 매출세액은 내 돈이 아니라고 생각하면 애초에 마음이 편합니다. 그래서 매출이 많거나 적거나 매출액을 11로 나눈 금액이 매출세액이라는 것을 알고, 그 돈을 매일 따로 빼서 저축을 해 두면 세금을 내기 위해서 대출을 받는 곡할 노릇은 피할 수 있습니다.

매입세액

그러면 진짜 절세를 위해 우리가 반드시 최대한 많이 확보해야 할 매입세액에 대한 이야기를 좀 해야겠습니다. 먼저 매입세액은 사업자가 거래처에 지불하는 부가가치세라고 보면 됩니다. 매입의 경우 사업자는 소비자인 셈입니다. 단, 사업자이기에 보통의 소비자와는 달리 부가가치세를 환급받을 수 있는 기회가 있다는 점에서 중요한 차이가 있습니다.

사업을 운영하는 과정에서 물품을 구입하는 비용, 공과금, 임대료 등에 포함된 부가가치세를 지불하고 적격증빙을 수취할 경우 매입세액을 지불했다고 표현합니다. 매입세액을 지불하고 받는 세금계산서, 신용카드 매입전표, 현금영수증 발행분을 적격증빙이라 합니다. 부가가치세 신고 시 이 적격증빙을 통해 매입세액으로 공제받아 납부할 부가가치세를 줄일 수 있습니다. 이해가 되나요?

그런데 주의해야 할 점은 소비자의 입장에서 판매자(즉 거래처)의 과세유형(일반과세, 간이과세, 면세)을 알아야 한다는 것입니다. 만약 거래처, 그러니까 판매자가 일반과세사업자라면 적격증빙을 발급할 수 있습니다.

하지만 판매자가 간이과세사업자나 면세사업자라면 부가가치세가 포함된 금액으로 상품이나 재화를 제공할 수 없기 때문에 세금계산서를 발급할 수 없고, 부가가치세가 포함되지 않은 금액으로 신용카드와 현금영수증 발급이 가능합니다. 이렇듯 간이과세사업자나 면세사업자에게 재화를 구입한 경우 부가가치세를 지불하지 않기 때문에 당연히 매입세액을 공제받을 수 없습니다.

다만 음식점이나 식품제조업을 영위하는 사업자가 면세사업자로부터 면세상품을 제공받고 종이 혹은 전자계산서, 신용카드 매입전표, 현금영수증을 발급받았다면 부가가치세 신고 시 의제매입세액 공제를 받을 수는 있습니다.

예를 들면, 일반과세사업자가 판매하는 11,000원짜리 상품에는 부가가치세 1,000원이 포함되어 있어 그 상품을 구입하면서 현금을 주고 세금계산서를 발급받든, 사업자 본인 명의의 신용카드를 사용하든, 사업자등록번호로 현금영수증을 발급받든 부가가치세 신고 시 1,000원을 매입세액으로 공제받을 수 있습니다.

하지만, 간이과세사업자가 판매하는 11,000원짜리 상품에는 부가가치세 1,000원이 포함되어 있지 않습니다. 그냥 상품가액 자체가 11,000원입니다. 간이과세사업자는 세금계산서를 발급할 수 없고, 사업자 본인 명의의 신용카드로 결제를 하거나, 사업자등록번호로 현금영수증을 발급받더라도 매입세액 공제를 받을 수 없습니다. 하지만 종합소득세 신고 시 필요경비로 처리할 수는 있습니다.

초보 사장님 그러면 향후 종합소득세 세후 이익까지 고려할 때 간이과세사업자와 일반과세사업자 중에 누구에게서 구입하는 것이 유리할까요?

택스코디 결과적으로는 무관합니다. 부가가치세든 종합소득세든 누구든 할인 폭이 큰 사업자에게서 매입하는 것이 유리합니다. 적격증빙이든 소명용 증빙이든 수취해 두고 장부에 작성해 두면 처리가 가능합니다.

일반과세사업자의 경우 매입세액 자료를 많이 확보할수록 납부할 부가가치세가 줄어드는 것은 반박의 여지가 없습니다. 이는 과세기간 동안 사업을 운영하는 과정에서 최대한 노력해야 할 문제입니다. 그런데 과세기간 동안 한 모든 노력의 결과가 신고기간에 빛을 발하기 위해서는 부가가치세 신고를 제대로 해야 합니다.

제아무리 매입세액 자료를 잘 확보하기 위해 사업자 본인 명의의 신용카드를 홈택스에 등록하고 사용하더라도 공제와 불공제에 대한 이해와 불공제 항목을 줄이는 실행이 없으면 말짱 도루묵이 될 수 있기 때문입니다.

03
환급과 매입세액 공제의 차이

초보 사장님 간이과세사업자는 부가세 환급이 안 된다는데, 그럼 세금계산서를 받을 필요가 없는 건가요?

택스코디 잘못된 세무 상식으로 인한 잘못된 질문입니다. 우선 환급과 매입세액 공제에 대해서 알고 있어야 합니다. 부가가치세는 아래 공식으로만 계산됩니다.

> 부가가치세 = 매출세액 - 매입세액

매출세액보다 매입세액이 크면 마이너스 금액이 나옵니다. 마이너스 금액이 나오면 세금을 납부하는 것이 아니고 국세청에서 돌려받습니다. 이것을 환급이라고 합니다. 사업과 관련한 지출에 대하여 세금계산서와 같은 적격증빙을 수취하였을 때 매입세액 공제를 받을 수 있습니다. 매입은 다음과 같은 공식으로 계산합니다.

매입 = 매입액 + 매입세액

가령 음식의 재료비로 11,000원을 지출하고 세금계산서를 받았을 경우 위 공식으로 풀어 보면 '11,000원 = 10,000원 + 1,000원'이므로 매입세액은 1,000원이 됩니다. 따라서 음식 재료비 1,000원을 매입세액으로 공제받을 수 있습니다.

간이과세자는 일반과세자에 비해 부가가치세 부담이 적고 환급이 불가능합니다. 따라서 세금계산서를 수취하지 않는 것이 유리할 수도 있습니다. 세금계산서를 수취하지 않아도 되기에 위와 같은 경우라면 10,000원만 지불하고 세금계산서를 받지 않는 것이 득이 됩니다. 세 부담이 적으니 세금계산서가 필요 없는 것이 아니라, 현금을 주고 매입액으로 거래하라는 것입니다. 흥정이 가능한 매입처라면 이렇게 물어보고 거래를 하시는 것이 나을 수 있습니다. "자료 없이 얼마에 줄 수 있나요?" 그런 뒤 매입처에서 매입액 이하의 가격을 제시하면 거래에 응하시면 됩니다.

초보 사장님 제가 환급과 매입세액 공제를 동일한 용어로 본 것 같습니다. 그런데 매입처에서 흥정에 응하지 않으면 어떻게 하나요?

택스코디 위와 같은 경우라면 11,000원을 지불하고 세금계산서를 받으면 됩니다. 자료 없이 매입액(10,000원) 이하로 거래하는 것이 득이 된다는 것이지 원칙대로 지불하고 세금계산서를 받는 것이 손해를 보는 것은 아닙니다.

04 절세의 결정판, 매입세액 공제와 불공제

여기에서는 선택불공제 항목 중에 불공제 상태인 항목을 공제로 변경해 부가가치세 납부세액을 줄이는 방법을 설명하고자 합니다. 크게 신용카드와 현금영수증으로 나눌 수 있습니다. 신용카드의 경우, 과세기간 동안 사용한 사업자 본인 명의의 신용카드를 홈택스에 등록해야 매입세액 공제 확인/변경의 조회가 가능합니다.

사업용 신용카드의 매입세액 공제 확인/변경

홈택스 홈페이지hometax.go.kr로 들어갑니다. 홈페이지 메인 화면에서 '조회/발급' 메뉴에 마우스를 갖다 대면, 다음과 같은 세부 메뉴들이 펼쳐집니다. 우리는 조회 그 아래 칸에 있는 '사업용신용카드'의 '매입세액 공제 확인/변경'에 집중해야 합니다.

❶ '조회/발급'을 누릅니다. 현금영수증 카테고리가 보입니다.

❷ '사업용신용카드' 앞의 '+' 모양을 클릭하면 하부 카테고리가 펼쳐집니다.

❸ '매입세액 공제 확인/변경'을 클릭합니다.

그러면 과세기간 동안 지출한 매입자료에 대한 매입세액의 공제 여부를 확인할 수 있습니다. 그런데 사업을 하면서 홈택스에 등록한 카드로 사업과 관련된 지출을 했음에도 불구하고 불공제로 처리되어 있는 항목들이 의외로 많다는 사실을 확인할 수 있습니다. 불공제라는 것은 말 그대로 매입세액으로 공제해 주지 않겠다는 뜻입니다.

　홈택스에 등록한 카드로 사업과 관련된 지출을 했는데도 불공제로 되어 있다면 공제로 변경하고 적극적으로 매입세액 공제를 받는 것이 사업자로서의 올바른 자세입니다. 그러면 매입세액 공제를 받기 위해 해당 화면에서 각각의 항목에 대해 설명해드리겠습니다.

그 전에 '불공제를 마음대로 공제로 바꿔도 되나?', '마음대로 바꿨다가 세무조사라도 나오면 어쩌지?' 하며 불공제와 공제의 기준은 무엇이고 변경을 해도 되는지와 같은 의문점과 불안감이 생길 수도 있습니다.

그 부분은 뒤에서 다시 설명하도록 하죠. 우선은 공제와 불공제 항목을 확인하고 변경하는 법을 알아보겠습니다. 그 후에는 이 일이 왜 중요한지, 이 일을 효율적으로 하기 위해서는 어떤 점을 알아야 하는지 알아보겠습니다. 앞에서 설명한 대로 '매입세액 공제 확인/변경' 버튼을 클릭하면 다음과 같은 화면으로 이동합니다.

❶ 공급가액: 지불한 금액의 공급가액입니다.

❷ 세액: 지불한 금액의 세액입니다. 세액이 0원인 것은 거래처가 간이사업자이거나 면세사업자인 경우입니다. 매입세액이 0원이라는 것은 당연히 매입세액 공

제 대상이 아니라는 뜻입니다.

❸ 공제여부결정: 공제여부를 결정할 수 있는 항목입니다.

❹ 비고: '일반'과 '선택불공제'로 나뉩니다. 이 항목에 주목해야 합니다. '간이'와 '당연불공제'는 신경 쓰지 않아도 됩니다.

매입세액 공제를 받으려면 선택불공제 중에 ❸ '공제여부결정'에서 대부분 불공제로 결정되어 있는 항목들을 공제로 변경해 줘야 합니다. 그 기준을 명확히 이해하면 사장님의 절세가 시작됩니다. 다만, 홈택스 신용카드 사용내역에서 보면 또 의문점이 생길 때가 있습니다. 바로 간이과세사업자와 면세사업자에게서 신용카드로 구입한 비용에도 공급가액과 세액이 구분되어 있는 경우입니다. 그런 경우는 판매자의 오류로 생각하고 매입세액 불공제로 정리해 두면 됩니다.

그럼 우선 단순한 기능적인 부분부터 살펴볼까요?

❶ '조회기간'을 설정합니다.

❷ [조회하기]를 클릭합니다.

❸ 체크박스를 클릭합니다. 그러면 다음과 같이 공제여부결정' 세부 항목이 활성
화됩니다.

❹ 활성화된 '공제여부결정'에서 해당 내역에 맞게 '공제'와 '불공제'를 선택합니다.

❺ '공제'와 '불공제'의 선택이 완료되면 [변경하기]를 클릭합니다.

그런데 이건 단순히 기계적인 매입세액 공제와 불공제에 대한 선택과 변경입니
다. 그럼 진짜 중요한 문제인 공제와 불공제의 선택 기준, 그러니까 변경 기준은
과연 뭘까요? 선택불공제는 전부 공제로 바꿔도 될까요? 그렇지 않습니다.

어떤 항목을 공제로 변경할 수 있을까?

원칙적으로 사업과 관련된 지출 그러니까 매입을 하면서 지불한 부가가치세는 매입세액으로 공제를 받을 수 있습니다. 그런데 많은 항목들이 불공제로 자동 정리가 되어 있습니다. 그것이 홈택스 프로그램의 기본 설정이라고 생각하면 됩니다. 그럼 과연 그건 얼마나 정확한지 혹은 제대로인지 한 번 살펴볼까요?

	승인일자	가맹점 사업자번호	가맹점명	공급가액	세액	봉사료	합계	가맹점유형	업태	업종	공제여부 결정	비고
✓	2020-10-04		구미당	15,001	1,499	0	16,500	일반과세자	음식	한식	불공제	선택불
✓	2020-10-04		씨유뉴효자원룸점	2,455	245	0	2,700	일반과세자	소매업	편의점	공제	선택불
✓	2020-10-04		(유)파인마켓하가점	27,864	2,786	0	30,650	법인사업자	도매 및	슈퍼마켓	공제	선택불
✓	2020-10-04		GS25 하가빅스타점	15,909	1,591	0	17,500	일반과세자	소매업	편의점	공제	선택불
✓	2020-10-03		GS25 하가빅스타점	6,181	619	0	6,800	일반과세자	소매업	편의점	공제	선택불
✓	2020-10-03		파리바게트하가점	9,818	982	0	10,800	일반과세자	음식	제과업	불공제	선택불
✓	2020-10-03		(주) 이비카드	4,455	445	0	4,900	법인사업자	서비스	전자화폐	불공제	일반
✓	2020-10-02		(주) 이비카드	4,637	463	0	5,100	법인사업자	서비스	전자화폐	불공제	일반
✓	2020-10-02		GS25 하가빅스타점	12,910	1,290	0	14,200	일반과세자	소매업	편의점	공제	선택불
✓	2020-10-01		주식회사 티머니	4,273	427	0	4,700	법인사업자	서비스	S/W개발	불공제	일반

* 조회기간 ○ 일별 ○ 월별 ● 분기별 2020년 4분기 / 공제여부 -전체- / 조회하기

총 사용금액: 1,885,040 (원) (봉사료 제외) / 엑셀 내려받기 / 인쇄 / 공제제출용 파일생성요청

1 2 3 4 5 6 7 총67건(6/7)

변경하기

두 번째 항목인 '씨유뉴효자원룸점'부터 다섯 번째 항목인 'GS25 하가빅스타점'까지 원래는 불공제 상태였습니다. 그런데 공제로 변경했습니다. 왜 불공제였으며 저는 왜 공제로 변경했을까요? 왜 불공제였는지는 알 수 없습니다. 홈택스 프로그램에서 그렇게 자동 설정이 되어 있습니다. 이렇게 대부분 마트에서 제품을 구입하는 경우 불공제로 처리됩니다. 사업과 무관한 지출이라고 보기 때문입니다.

하지만 저는 운영하는 식당에서 필요한 물품을 구매하기 위해 근처에 있는 편

의점을 이용했고 사업용으로 등록한 카드로 결제했다고 판단했기 때문에 공제로 변경했습니다. 이 항목들을 불공제에서 공제로 변경해, 신고 후 납부해야 할 부가가치세 5,241원(245+2,786+1,591+619)을 아꼈습니다. 예를 들어 이런 경우가 100건이라면 대략 50만 원 정도의 부가가치세를 절약할 수 있습니다.

그러면 과연 과세관청이 저 항목이 사업에 관련된 지출이 아니라는 주장을 할 수 있을까요? 그래서 저 항목이 불공제 대상이라고 주장할 수 있을까요? 저런 항목들에 대한 이의를 제기하며 특정 시기의 매입세액 공제 부분에 대한 소명요청, 그러니까 세무조사 통보를 해 올까요?

그렇지 않습니다. 왜냐하면 애매하기 때문입니다. 그곳에서 그때 영업에 꼭 필요한 물품을 샀다고 주장하면 사실이 아니라는 것은 주장하는 쪽에서 증명해야 합니다. 장부를 잘 작성하셔야 하는 이유이기도 합니다. 그것이 간편장부든 복식부기든 사업자라면 벌기 위해 쓰는 돈, 즉 지출에 대한 자료는 반드시 작성하셔야 합니다. 이건 부가적인 부분이긴 하지만 숙지하시고 실행하시면 좋겠네요.

초보 사장님 사업의 특성상 출장이 잦고, 접대비가 많이 듭니다. 이런 것들은 부가가치세 매입세액 공제가 가능한가요?

택스코디 접대비, 교통비, 비영업용 소형승용차 등의 구입, 임차, 유지비 등은 조세정책적으로 매입세액 공제가 되지 않습니다. 다음 페이지에서 정리해 볼게요.

조세 정책적으로 매입세액 공제를 받지 못하는 경우

1. 접대비 및 이와 유사한 비용의 매입세액

2. 교통비 등 영수증 발행업종 관련 매입세액

3. 비영업용 소형승용차의 구입과 임차 및 유지에 관한 매입세액

4. 간이과세자나 면세사업자로부터 매입한 것

그런데 과세관청이 굳이 그런 애매하고 번거로운 항목에 대해 불공제 매입세액의 공제라며 소명하라는 주장을 하고 영세한 자영업자의 공제와 불공제 항목 하나하나에 관심을 가질 수 있을까요? 여기서 매입세액 공제와 불공제의 명확한 기준 하나가 정해집니다. 애매한 것과 누가 보더라도 아닌 것! 누가 봐도 애매한 것은 공제로 변경하면 됩니다. 하지만 누가 봐도 아닌 것은 불공제로 놔둬야 합니다. 그 사례를 한 번 살펴보죠.

❶ '이비카드'라고 되어 있는 이 항목은 후불 교통비에 해당합니다. 택시, 버스, 기차 요금은 대표적인 면세상품입니다. 그런데 이 항목에는 ❷ '세액'이 포함되어 있습니다. 해당 면세사업자가 ❸ '법인사업자'이기도 해서 '공제'로 설정되어 있던 것입니다. 이 경우 ❹ '불공제'로 변경해야 합니다. 누가 봐도 매입세액불공제인 항목은 공제를 받으면 안 됩니다.

드러난 매출을 축소해 신고하거나 불공제매입세액인데 공제로 변경한 경우, 아무리 영세한 자영업자라도 세무조사 대상이 되고, 소명 요청을 받으면 소명할 수 없기 때문에 다양한 종류의 가산세를 부과받고 납부해야 합니다. 그게 얼마가 됐든 애초에 하지 말아야 합니다. 어떤 것을 공제로 변경할 것인가를 사업자 본인이 판단할 수 있어야 합니다.

 TIP

'매입세액 공제 확인/변경' 페이지가 수십 페이지인 분부터 수백 페이지인 분까지 있습니다. 그 안에는 사업과 관련된 지출부터 전혀 무관한 지출이 무분별하게 섞여 있는 경우가 대부분입니다. 그 항목들을 하나하나 다 변경한다는 것은 여간 번거로운 일이 아닙니다. 그래서 하나의 카드만 등록하고 오직 사업과 관련된 지출에만 사용하는 것이 좋다는 이야기를 한 번 더 강조합니다. 사장님의 소중한 시간과 노력을 아낄 수 있는 길이기도 합니다.

매입세액 공제금액 상세내역 확인하기

이렇게 모든 신용카드 사용내역에 관해 매입세액 공제 항목의 확인과 변경 작업을 마무리하고 나면 해당 과세기간 동안 '조회/발급 〉 현금영수증 〉 사업용신용카드 > 매입세액 공제금액 조회'로 들어가 다음과 같이 상세내역을 확인할 수 있습니다.

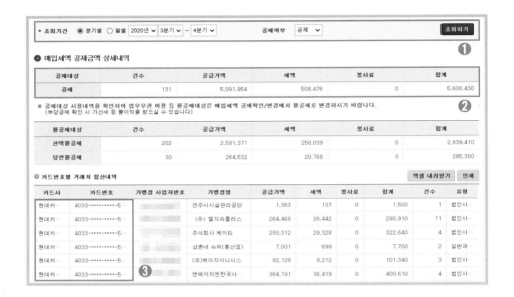

❶ 조회하려는 기간을 설정하고 [조회하기]를 클릭합니다.

❷ 매입세액 공제금액 상세내역을 확인할 수 있습니다.

❸ 홈택스에 사업과 관련된 지출을 하기 위한 사업자 본인 명의의 신용카드를 한 장만 등록해서 그 카드만 사용하면, 부가가치세 신고를 한결 수월하게 마무리할 수 있습니다. 공제와 불공제에 대한 고민을 할 시간도 줄여 줄 뿐만 아니라 등록하지 않은 카드 사용분을 일일이 입력해야 하는 수고를 덜고 입력공제세액을 누락하는 일도 없어 제대로 절세를 할 수 있습니다.

현금영수증의 매입세액 공제 확인/변경

마찬가지로 벌기 위해 쓴 돈(사업에 관련된 경비) 중에 현금영수증 발급분 역시 사업용신용카드와 동일한 방법으로 '매입세액 공제 확인/변경' 메뉴를 통해 정리할 수 있습니다. 구체적으로 다음과 같은 방법으로 들어갑니다.

❶ 홈택스 첫 화면에서 '조회/발급'을 누릅니다.

❷ 현금영수증 카테고리 하부의 '현금영수증 수정' 앞의 '+' 모양을 클릭하면 하부 카테고리가 펼쳐집니다.

❸ '세액공제 확인/변경'을 클릭합니다.

그러면 과세기간 동안 현금영수증을 발급받고 지출한 매입자료에 대한 매입세액의 공제 여부를 확인할 수 있습니다. 사업용 신용카드와 마찬가지로 사업과 관련된 지출을 했음에도 불구하고 불공제로 처리되어 있는 항목들이 있다는 사실을 확인할 수 있습니다. 다음 화면으로 확인해 보겠습니다.

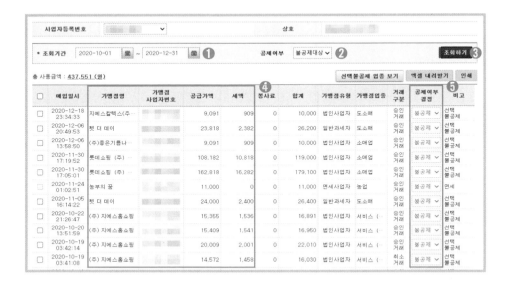

❶ '조회기간'을 설정합니다. 3개월 단위로 조회가 가능합니다.

❷ 공제여부는 '불공제대상'으로 설정합니다. 여기서는 공제되는 것을 굳이 확인하지 않지만 한 번 확인해 보시는 것도 좋습니다.

❸ [조회하기]를 클릭합니다.

❹ '가맹점명, 공급가액, 세액'을 확인합니다.

❺ '공제여부결정'에서 불공제로 되어 있는 것을 확인할 수 있습니다.

각자의 상황에 따라 금액이 많을 수도 있고 적을 수도 있습니다. 금액의 많고 적음에 상관없이 본인 명의의 신용카드로 사업과 관련된 지출을 했는데도 불공제로 되어 있다면 공제로 변경하고 적극적으로 매입세액 공제를 받는 것이 절세의 지름길입니다. 앞서 정리했던 신용카드 사용분에 대한 공제와 불공제의 변경 기준과 동일하게 정리하면 됩니다. 구체적인 방법은 다음과 같습니다.

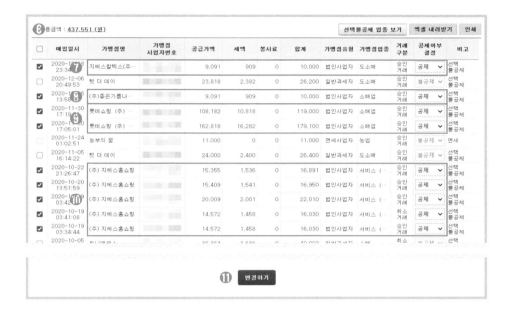

❻ '공제'로 바꾸고자 하는 항목에 체크합니다.

❼ ~ ❽ 본 사례의 업체는 치킨배달 전문점으로 125cc 이륜차를 운행하고 있어 주유비를 매입세액 공제 받을 수 있습니다. 그에 따라 가맹점이 주유소에 해당하는 항목의 '공제여부결정'을 '공제'로 바꾸었습니다.

❾ ~ ❿ 그리고 홈쇼핑을 통해 각종 물품과 식자재를 구입한 내역을 모두 공제로 변경했습니다.

⓫ [변경하기] 버튼을 클릭해 끝마칩니다.

05 절세의 핵심, 선택불공제의 정체

선택불공제는 불공제 여부를 선택할 수 있지만 당연불공제는 선택할 수 없습니다. 당연불공제는 통상 면세 상품일 경우가 많지만 선택불공제 중에도 공제를 해서는 안 되는 항목이 있습니다. 교통비는 면세거나 당연불공제로 보면 됩니다. 미용실과 목욕탕도 마찬가지입니다.

예를 들면, 미용실은 세금계산서 발급이 금지된 업종입니다. 사업과 관련이 없는 경우 당연히 공제받으면 안 되겠지만 설령 사업과 관련된 일이라 하더라도 미용실에서 사용한 내역은 매입세액 공제를 받을 수 없습니다. 그런 경우는 카드를 사용하거나 현금영수증을 발급받았다 하더라도 부가가치세 신고를 할 때는 불공제로 처리하고 종합소득세 신고 시 필요경비 처리를 해야 합니다. 목욕탕은 대표적인 면세사업입니다. 그래서 당연불공제를 공제로 바꾸면 안 되고, 행여 당연불공제 항목이 공제로 되어 있더라도 불공제로 변경해 주는 것이 맞습니다.

그래서 부가가치세 신고 시 매입세액 공제를 최대한 많이 받기 위해서는 '선택불공제'를 제대로 활용해야 합니다. 그럼 선택불공제 중에 불공제 항목을 공제로 바꿀 수 있는 가장 흔한 경우를 확인해 볼까요?

선택불공제에서 가장 많이 불공제에서 공제로 바꿀 수 있는 경우는 마트나 편의점에서 사용한 비용과 차량 관련 비용 정도가 되겠습니다. 그리고 등록된 직원이 있다면 직원의 식비나 유니폼 등에 대한 부가가치세는 매입세액 공제 대상이 됩니다.

초보 사장님 직원 등록이라는 게 뭔가요? 4대 보험을 내면 직원을 등록한 건가요? 그리고 직원들이 4대 보험 가입을 꺼려하는데 그냥 최저임금만 지급하면 되는 건가요?

택스코디 기본적인 답변을 드리자면 원천세를 신고하고 납부해야 세무적인 측면에서 직원 등록을 했다고 할 수 있습니다. 급여에서 근로소득을 원천징수해서 매월 신고하고 납부하는 행위를 말합니다. 그러면 자동적으로 4대 보험료도 납부하게 됩니다. 그때 직원의 식비와 의복비에 지출한 금액이 있다면 그 금액 안에 포함된 부가가치세에 한해 매입세액 공제를 받을 수 있고, 그 비용과 인건비는 종합소득세 신고 시 필요경비로 처리할 수 있습니다. 이 정도만 이해하셔도 문제가 없습니다.

차량 관련 비용의 매입세액 공제

선택불공제 항목 중에 차량 관련 부분이 해당된다면 공제로 바꿔줘야 매입세액 공제를 받을 수 있습니다. 차량 관련 비용은 홈택스에서 기본적으로 불공제로 분류됩니다. 차량 관련 비용을 매입세액으로 공제받기 위해서는 다음의 전제 조건에 부합해야 합니다.

사업과 관련해 사용해야 하며, 반드시 차종이 화물차, 9인승 이상의 승합차 또는 경차여야 합니다. 구입 방법은 할부든, 리스든, 장기 렌트든 상관없습니다. 그리고 이륜자동차의 경우에도 배기량이 개별소비세가 부과되지 않는 125cc 미만이면, 구입비용, 주유비, 수리비 등에 사용한 금액의 부가가치세는 매입세액 공제를 받을 수 있습니다.

그 이외의 차량은 부가가치세 매입세액 공제를 받을 수 없으며 받을 경우, 몇 년 후에 불공제매입세액 공제 항목의 매입세액 공제에 대한 소명요청을 받게 되고 재신고해야 합니다. 가산세는 덤이죠. 그러니 애초에 부가가치세 매입세액 공제를 받기 위해서는 차량 구입부터 신경 써야 합니다.

예를 들어, 미용실을 운영하는 김 사장님이 9인승 카니발을 구입했다면 구입 시 기아자동차에 지불한 매입액의 10%에 해당하는 부가가치세는 매입세액 공제를 받을 수 있습니다. 차량을 운행하는 동안 주유한 비용에 포함된 부가가치세도 매입세액 공제를 받을 수 있습니다. 카센터에서 정비를 받을 때 사용한 비용에 포함된 부가가치세도 매입세액 공제를 받을 수 있습니다.

하지만 김 사장님이 일반 승용차를 구입했다면 모든 비용에 대한 매입세액 공제를 받을 수 없습니다. 다만 종합소득세 신고 시 일정 한도 이내의 금액은 필요경비로 처리할 수 있습니다. 한도는 매년 세법이 개정되면서 변동됩니다. 계속 확인하실 필요가 있습니다. 현재(2021년)는 연 1,500만 원까지 운행일지가 없어도 인정해 줍니다.

그런데 김 사장님이 9인승 카니발을 구입한 후에 본인 명의의 신용카드로 사용한 주유 비용과 카센터 정비 비용, 타이어 교체 비용이 홈택스 신용카드 사용내역을 조회해 보면 모두 불공제로 처리되어 있습니다. 이런 경우 모두 공제로 변경해 줘야 합니다. 이런 것은 본인이 챙겨야 합니다.

월 기장료 10만 원 남짓 받는 세무대리인이 이런 번거로운 일을 처리해 주길 기대하면 안 됩니다. 그렇게 납부세액을 줄여 준다고 해서 수수료를 더 받는 것도 아니기 때문입니다. 얼마가 됐든 납세자 본인이 직접 변경한 금액만큼 그대로 절세로 돌아옵니다.

그리고 면세사업자에게서 구입한 농수산물의 경우 의제매입세액으로 공제를 받아야 하므로 자료를 정리해 보겠습니다. 신용카드로 결제한 경우와 계산서를 발급받은 경우가 있을 텐데요. 그 둘의 금액을 합산하여 의제매입세액 공제 부분에 입력하면 됩니다. 그럼 의제매입세액 공제에 대한 내용을 한 번 살펴볼까요?

06
의제매입세액 공제

의제매입세액 공제란?

의제매입세액 공제에 대한 설명을 간단히 하고 넘어가죠. 실제로 적용하는 부분은 해당 내용을 입력하는 부분에서 자세히 설명하도록 하겠습니다.

'의제'라는 말만 빼면 매입세액 공제죠. 말 그대로 매입세액에 대해 공제를 해줄 건데, 매입액의 10%로 전부 인정해 줄 수는 없고 대략 8.3%(9/109의 경우) 정도만 매입세액으로 공제해 준다는 뜻입니다. 그래서 '의제'라는 단어가 붙어 있습니다. 어찌 됐건 사업을 운영하기 위해 쓴 돈이니까 적절한 조치를 취할 경우 매입세액 공제를 해 주겠다는 취지입니다.

그리고 의제매입세액을 공제해 주는 대상도 정해 두었죠. 농축수산물을 가공해서 파는 음식업과 제조업을 하는 개인사업자에 한해서 의제매입세액을 공제해 줍니다. 법인은 해 주지 않습니다.

TIP

간혹 장사 좀 되고 매출규모가 10억 원이 넘어가면 종합소득세 좀 줄여 보겠다고 법인으로 전환하려는 사장님들 있는데요. 법인 전환은 세금문제 때문이 아닌 사업의 확장성으로 접근해야 합니다. 법인으로 전환 시 4대보험료, 대표자 소득세 등이 발생하는 것을 고려하면 법인이나 개인이나 별 차이가 없는 경우가 많기 때문입니다.

의제매입세액 공제받기

의제매입세액 공제는 기본적으로 거래처에서 수기(종이)계산서나 전자계산서를 수취하면 됩니다. 여기에 신용카드나 현금영수증으로 면세사업자에게서 구입한 항목들을 정리하면 의제매입세액 공제를 받을 수 있는 건수와 금액을 알 수 있습니다. 그 금액을 모두 입력하면 공제금액을 알 수 있습니다.

서두에 언급했던 것처럼 매출은 대부분 드러나고 포스기가 매출장부의 역할을 충분히 하기 때문에 사업을 제대로 운영하기 위해서는 매입을 기록한 장부를 잘 관리하셔야 합니다. 벌기 위해 쓴 돈을 언제 어떻게 얼마나 지출했는지 잘 작성해 놓으면 매일, 매월, 분기·반기별로 매입세액이 얼마나 되는지 파악할 수 있습니다. 매출을 알면 매출세액을 알고 장부를 잘 작성해서 매입세액을 알면 납부할 부가가치세가 얼마쯤 되는지도 거의 정확하게 가늠할 수 있습니다. 그러면 부가가치세 폭탄이라는 이야기는 할 이유가 없습니다.

의제매입세액 공제를 받기 위해 홈택스 홈페이지에서 '조회/발급 〉사업용신용카드 〉매입세액 공제 확인/변경'으로 들어갑니다. 그러면 다음과 같은 화면이 나옵니다.

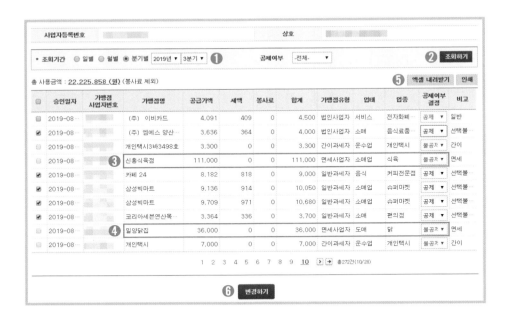

❶ 조회기간을 설정합니다.

❷ [조회하기]를 클릭합니다.

❸ ~ ❹ 10번째 페이지까지 가서야 '신흥식육점'과 '밀양닭집', 2곳의 면세사업자 와 거래한 내역이 있는 것을 알 수 있습니다. 다만, 이렇게 일일이 찾으면 번거 롭고 시간이 오래 걸립니다.

❺ [엑셀 내려받기]를 선택하시면 전체 페이지의 거래내역을 엑셀 파일로 내려받 을 수 있습니다. 다운로드받은 엑셀 파일에서 면세 사업자와의 거래만 정리하 면 건수와 거래금액을 손쉽게 정리할 수 있습니다.

❻ 해당 건들의 '공제여부결정'을 '공제'로 수정한 후 [변경하기]를 클릭합니다.

만약 적격증빙을 잘 수취해 놓으시고 장부에 기록해 두셨다면 의제매입세액 공제를 받을 수 있는 누적금액을 쉽게 파악할 수 있겠죠? 그리고 면세사업자에게서 계산서나 전자계산서를 받아 놓으면 의제매입세액 공제 시에 편리하게 적용하실 수 있습니다. 그럼 의제매입세액 공제는 홈택스에서 어떻게 정리하는지 4장에서 자세히 알아보도록 하죠.

07 꼭 챙겨야 하는 적격증빙

적격증빙이란?

증빙이란 증거를 말합니다. 따라서 증빙서류란 증거서류를 말합니다. 대표적인 증빙으로 가게에서 물건을 살 때 받는 영수증, 신용카드 매출전표, 세금계산서 등이 있습니다. 증빙이 필요한 이유는 국세청이 실제로 돈이 지출되었는가를 확인하기 위해서입니다. 사업에 관련한 모든 거래에 대해서는 항상 증빙을 갖추어야 합니다.

만약 증빙을 갖추지 않았다면 거래 사실을 인정해 주지 않습니다. 따라서 사업에 관련한 물품을 구입하였는데 아무런 증빙을 받지 않았다면 당연히 비용 처리가 되지 않기에 사업자의 세금은 올라갑니다.

세무상 비용으로 인정하는 증빙은 크게 두 가지로 나뉩니다. 하나는 적격증빙(법정지출증)이고, 다른 하나는 소명용 증빙입니다. 이러한 증빙은 신고기한이 지난 날부터 5년간 보관해야 할 의무도 있습니다(법인세법 제116조). 지출이 실제로 발생한 시점이 아니라, 신고기한으로부터 5년입니다.

44

예를 들면, 개인사업자의 경우 2019년 동안 발생한 지출에 대하여 2020년 5월 말일까지 종합소득세 신고를 해야 하고 2019년 지출된 증빙은 2025년 5월 말일까지 보관해야 할 의무가 있습니다.

사업상 거래를 할 때 주고받는 증빙의 종류는 세금계산서, 계산서, 신용카드 매출전표, 현금영수증, 간이영수증 등이 있습니다. 이 중 세금계산서, 계산서, 신용카드 매출전표, 현금영수증을 적격영수증(적격증빙)이라고 하여 간이영수증과는 구별합니다.

세금계산서란 사업자가 재화나 용역을 공급할 때 부가가치세를 징수하고 이를 증명하기 위하여 공급받는 자에게 교부하는 증빙서류입니다. 세금계산서 발행은 일반과세사업자가 합니다. 참고로 간이과세사업자는 세금계산서를 발행할 수 없습니다. 사업자 간의 거래에서는 세금계산서를 주고받는 것이 원칙입니다. 세금계산서의 필수 기재사항은 아래와 같습니다.

세금계산서 필수 기재사항
1. 공급하는 사업자의 등록번호와 성명 또는 명칭
2. 공급받는 자의 등록번호
3. 공급가액과 부가가치세액
4. 작성연월일

간이영수증은 공급받는 자의 등록번호와 부가가치세액을 별도로 기록하지 않는 증빙서류를 말합니다. 간이영수증에는 공급받는 자의 인적사항이 없으므로 부가가치세 매입세액 공제는 불가능합니다.

참고로 3만 원이 넘는 거래에 대해서는 원칙적으로 세금계산서나 신용카드 매출전표 등 적격증빙을 받게 되어 있습니다. 이를 어길 경우 종합소득세 신고 시 거래액에 대해 증빙불비 가산세 2%를 추가해서 납부하도록 되어 있습니다. 증빙불비지만 사업상 지출이 맞다면 필요경비로 처리가 가능합니다.

  정리하면 업무 관련 지출을 할 때는 반드시 적격증빙(세금계산서, 계산서, 신용카드 매출전표, 현금영수증)을 받아두는 습관이 필요합니다. 사업과 관련한 지출에서 현금을 지급하고 세금계산서 또는 현금영수증을 발급받아야 적격증빙으로 인정되어 부가가치세 매입세액 공제를 받을 수 있기 때문입니다.

현금영수증은 지출증빙으로

현금영수증은 소득공제용 현금영수증이 아닌 지출증빙 현금영수증으로 발급받아야 부가가치세 매입세액 공제가 가능합니다.

초보 사장님 이러한 규정을 잘 몰라서 소득공제용으로 현금영수증을 발급받았습니다. 방법이 없나요?
택스코디 현금영수증 용도 일괄변경을 하면 됩니다. 현금영수증 용도 일괄변경이란 사장님과 같이 소득공제용 현금영수증을 발급받은 사업자가 현금영수증을 부가가치세 매입세액 공제가 가능한 지출증빙 현금영수증으로 용도를 변경하는 것입니다.

구체적으로 어떻게 변경하는지 알아보도록 하겠습니다. 홈택스 홈페이지 메인화면으로 들어갑니다.

❶ 메인 화면에서 '조회/발급' 메뉴를 클릭합니다.

❷ '현금영수증 수정'을 클릭합니다.

❸ '사업자용 용도변경'을 클릭하면 다음과 같은 화면이 나옵니다.

❶ '사업자등록번호'를 선택합니다.

❷ '조회기간'을 3개월 단위로 설정합니다.

❸ [조회하기]를 클릭합니다. 소비자용 현금영수증 발급내역이 있는 경우 그 아래로 내역이 조회됩니다. 이 사례의 사업자의 경우 현금영수증을 모두 지출증빙으로 발급받아서 내역이 조회되지 않습니다. 만약 조회가 되면 앞서 설명한 '공제/불공제의 선택과 변경'과 같은 방식으로 모두 변경하시면 됩니다.

2장

홈택스에서
부가가치세
신고 준비하기

01 부가가치세의 과세기간과 신고기간

부가가치세는 사업자에게 부담이 큰 세금 중 하나입니다. 매출이나 매입에서 떼어서 계산해야 하는데 구분이 쉽지 않기 때문이죠. 적지 않은 사업자들이 부가가치세를 포함한 매출을 실제 매출로 잘못 인식하고 있다가 세금을 낼 때가 되어서야 실체를 알고 힘들어하는 경우가 많습니다.

더구나 부가가치세는 분기마다 세금을 내도록 돼 있고, 예정신고나 예정고지, 확정신고 등 과세 방식과 명칭도 복잡해 보입니다. 그럼 부가가치세 신고의 기초가 되는 정보에 대해 알아볼까요? 우선 부가가치세의 과세유형별 과세기간과 신고기간은 다음과 같습니다.

구분		과세기간	신고기간	비고
일반과세사업자	1기	1. 1. ~ 6. 30.	7. 1. ~ 7. 25.	신고 2번, 납부 4번
	2기	7. 1. ~ 12. 31.	1. 1. ~ 1. 25.	
간이과세사업자		1. 1. ~ 12. 31.	1. 1. ~ 1. 25.	신고 1번, 납부 1번

부가가치세는 기본적으로 1년에 4번에 걸쳐 나눠 낸다고 생각하면 편합니다. 물론 일반과세사업자를 기준으로 말이죠. 통상 일반과세사업자는 1월과 7월에 부가가치세를 신고·납부하는 것으로 알고 있지만 4월과 10월에 중간 정산할 수 있는 예정신고가 있습니다.

그래서 부가가치세는 법인사업자든 개인사업자든 1년 동안 분기별로 1월, 4월, 7월, 10월, 4번 내는 세금이라고 보면 됩니다. 다만 간이과세사업자는 1월에 딱 한 번 신고와 납부를 하며 그나마 납부 세액도 없다시피 합니다. 거듭 반복해서 강조하겠지만 웬만하면 시작은 간이과세사업자로 시작하는 것이 좋습니다.

그런데 법인에 비해 상대적으로 여러 측면에서 열악한 개인사업자의 경우에 분기마다 신고하는 부담을 덜어주기 위해 4월과 10월에는 '신고'가 아닌 '고지'로 세금을 내도록 편의를 봐주고 있습니다. 그걸 '예정고지'라고 합니다.

국세청은 예정고지 때 사업자가 직전 과세기간에 낸 세금의 절반에 해당하는 금액을 납부하라고 고지합니다. 4월에는 지난해 확정신고한 2기분(7월~12월) 납부금액의 절반, 10월에는 1기분(1월~6월) 납부금액의 절반을 고지합니다. 1월과 7월에 확정신고를 할 때 4월이나 10월에 더 내거나 덜 낸 부분이 있으면 기납부세액을 입력해 정산합니다. 개인사업자 중에서도 예정고지세액이 20만 원 미만이거나 해당 과세기간 중 간이과세자에서 일반과세자로 전환된 경우에는 예정고지도 하지 않습니다.

예정고지를 받은 개인사업자라도 고지납부를 하지 않고, 신고납부를 선택할 수 있는 경우도 있습니다. 휴업이나 사업 부진 등의 부득이한 경우나 예정신고 기간에 공급가액이나 납부세액이 직전 분기의 3분의 1에 미달하는 경우 예외적으로 고지납부가 아닌 신고납부를 할 수도 있습니다. 자영업 시장에서는 언제나 매출의 기복이 있기 때문에 대다수의 부진한 사업자들은 예정고지를 받았더라도 신고 납부를 통해 부가가치세 부담을 줄일 수 있습니다.

신규사업자의 경우 사업자등록증 발급 전 과세기간에 지출한 매입자료를 부가가치세 신고 시 인정받기 위해서는 다음 과세기간이 시작된 이후 20일 이내에 사업자등록을 완료하여야 합니다.

이해하기 쉽게 설명하자면 과세기간 1기(1월~6월) 중에 사업자등록을 하지 않은 채로 사업에 관련된 지출을 했다면 7월 20일 이내에 사업자등록을 완료하여야 매입자료로 인정받을 수 있습니다. 사업자등록 전에는 사업예정자 본인의 신용카드나 주민등록번호로 세금계산서와 현금영수증 등의 적격증빙을 수취할 수 있습니다.

통상 과세기간 말미에 사업 준비를 하고 자금을 지출하면 중요한 행정 절차를 놓치기 쉽습니다. 또한 사업자등록은 대단히 어렵거나 오래 걸리는 일이 아닌 만큼 이왕 사업을 진행할 계획이고 자금을 지출했다면 사업자등록은 함께 진행하는 것이 바람직합니다.

02 부가가치세 신고의 흐름 이해하기

부가가치세 신고는 크게 5단계로 진행합니다. 모든 자료의 기준은 적격증빙이어야 합니다. 적격증빙을 수취하지 않은 어떤 자료도 부가가치세 신고에서는 사용할 수 없습니다. 이 정도는 이제 이해하셨죠? 그러면 이제 부가가치세 신고가 어떤 단계로 이루어지는지 자세히 알아보겠습니다.

1단계 : 매출자료 조회 및 입력

먼저 과세기간 동안의 매출자료를 입력합니다. 다양한 방식으로 발생한 매출은 홈택스에서 조회가 가능하며 각자의 주 거래처에서 확인할 수 있습니다. 세금계산서를 발급해 준 경우, 신용카드로 결제를 받은 경우, 현금영수증을 발급해 준 경우, 그리고 배달의민족이나 요기요 등의 플랫폼을 통해 매출이 발생한 경우의 매출을 모두 집계한 후에 입력하면 됩니다. 물론 중요한 내용은 그 금액 중 매출세액입니다.

2단계 : 매입자료 조회 및 입력

두 번째로 그 매출을 위해 구입한 비용, 즉 매입자료를 입력합니다. 역시 다양한 방식으로 재료나 상품을 구입한 비용과 임대료, 공과금, 직원의 식대나 의복비 정도의 지출을 집계한 금액을 항목별로 나눠서 입력합니다. 세금계산서, 신용카드, 현금영수증, 계산서 등으로 분류하고 입력할 수 있습니다. 역시 중요한 금액은 매입세액입니다.

이 두 단계를 거쳐서 과세기간 동안 발생한 매출금액에 포함된 매출세액에서 지출한 매입금액에 포함된 매입세액을 차감한 금액을 '산출 부가가치세'라고 합니다. 여기까지 어렵지 않죠? 만약 이해가 안 되더라도 계속 진행해 보시면 자연스럽게 알게 됩니다. 걱정하지 마세요.

3단계 : 세액공제 조회 및 입력

세 번째는 그 '산출 부가가치세'에서 빼 주는 금액을 조회하고 입력하는 단계입니다. 이를 세금에서 바로 빼 준다고 해서 '세액공제'라고 합니다. 부가가치세에서 세액공제는 딱 두 가지입니다. 전자신고세액공제와 신용카드매출세액공제입니다.

4단계 : 세액공제 및 예정고지납부 등 기납부세액 입력

네 번째는 예정고지 등의 기납부세액이 있는 경우 입력해서 '산출 부가가치세'에서 또 차감할 수 있는 단계입니다.

5단계 : 신고서 확인 및 제출

마지막으로 한 번 더 확인하고 신고서를 제출하면 됩니다. 여기까지가 부가가치세 신고의 전부입니다.

각 단계에 대한 구체적인 설명은 뒤에서 화면을 따라하면서 좀 더 자세히 다루겠습니다. 어떤가요? 부가가치세의 큰 흐름을 이해하셨나요? 방금 이야기한 내용을 아래의 표로 간단하게 정리해 놓았습니다. 확인해 보세요.

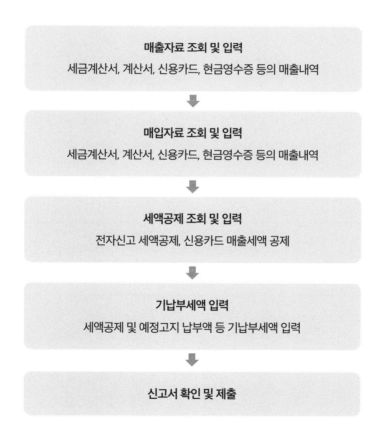

03

부가가치세 신고 전에
확인할 사항들

이제 부가가치세를 신고하기 전에 확인해야 할 사항들에 대해 알아보도록 하겠습니다. 홈택스 메인화면에 들어가면 다음과 같은 화면이 보입니다.

공인인증서나 아이디로 로그인을 한 후에 ❶ '신고/납부 〉 세금신고 〉 부가가치세'
로 들어가거나 '자주 찾는 메뉴'에서 ❷ '부가가치세 신고'를 클릭하면 다음과 같
은 화면으로 이동합니다.

여기서 신고하기 전에 앞에서 배운 내용들을 상기해 보면 좋겠습니다. 앞서 설명
해드린 것처럼 부가가치세 신고는 현금영수증, 신용카드, 전자(세금) 계산서, 이
적격증빙 세 가지 항목의 매출과 매입을 잘 정리해서 입력하는 것이 전부입니다.
조금만 익숙해지면 정말 쉽게 처리할 수 있습니다.
부가가치세 신고를 하기 위해 중점적으로 확인해야 할 항목은 현금영수증과 신용

카드의 매입내역입니다. 그러기 위해선 ❶ '현금영수증 조회'와 ❷ '사업용신용카드'의 '매입내역 공제금액 조회'를 클릭해 확인하면 됩니다. 하지만 매출금액이 누락되지 않도록 ❶ '현금영수증 조회'와 ❸ '신용카드 매출자료 조회'에서 자료 내역과 ❹ '전자(세금) 계산서'도 잘 확인해야 합니다. 그리고 배달의민족이나 요기요 등의 배달플랫폼을 통한 자료도 확인해야 합니다.

❷ '사업용 신용카드'의 '매입세액 공제 확인/변경'은 앞서 설명한 부분을 토대로 작업하시면 됩니다. 다음 장에서 추가로 설명하도록 하겠습니다. ❹ '전자(세금) 계산서'도 마찬가지입니다. 매입에 관한 전자 또는 종이 세금계산서와 계산서를 잘 챙겨 두어야 합니다. 그리고 거래처 수와 발행 건수 합계 금액을 잘 집계해 놓으면 부가가치세 신고 시 편리합니다.

한 번 해 보면 다음번엔 사업용신용카드 관리를 어떻게 하면 좋을지 스스로 판단할 수 있습니다. 이 또한 모르고 맡기기만 해서는 알 수 없는 내용들입니다. 절세를 위해 세무대리인에게 맡기지만 세무에 대한 지식을 모르고 맡겨서는 사실상 절세가 불가능하다는 것을 알 수 있습니다.

이처럼 전자세금계산서, 신용카드, 현금영수증 발행분의 매출과 매입 자료는 홈택스에서 조회가 가능합니다. 그런데 주의할 점은 앞서 언급한 것처럼 현금영수증과 신용카드의 매입세액 공제 여부는 홈택스가 정확하지 않을 수 있다는 것입니다. 그렇기 때문에 앞서 설명했듯 매입세액 공제 여부를 확인하고 변경이 필요한 부분은 직접 변경해야 합니다.

홈택스에서 조회가 불가능한 매출은 수출입 관련 자료, 온라인 오픈마켓 매출, 현금영수증을 발행하지 않은 현금 매출 등입니다. 수출입은 수출실적명세서나 영세율 매출명세서, 내국신용장이나 구매확인서 등을 별도로 작성하여 제출해야 합니다. 하지만 대부분 해당사항이 없는 내용입니다.

배달의민족, 요기요, 네이버 스마트스토어 등의 온라인 오픈마켓 매출은 각 사이트 판매자 센터에 들어가서 부가가치세 신고 매출을 조회하여 합산해 신고해야 합니다. 현금매출은 부가가치세 신고서 기타란에 입력하면 됩니다. 이 외에도 음식업의 경우에는 의제매입세액 공제 신고서를 작성하여 면세품에 대한 의제매입세액 공제를 받아야 합니다.

감가상각자산 등을 취득한 경우에는 감가상각취득명세서를, 매입세액을 공제받지 못할 세금계산서를 발급받은 경우에는 공제받지 못할 매입세액 명세서를 작성해야 합니다. 이 경우는 대부분의 사업장에 해당사항이 없습니다. 모든 칸을 채울 필요가 없다는 점을 염두에 두시기 바랍니다.

위와 같은 신고서는 서면으로 작성할 수 있지만 홈택스에 공동인증서로 접속을 하면 쉽게 작성할 수 있습니다. 홈택스에서 조회 가능한 자료는 자동으로 불러올 수 있기 때문에 어렵지 않습니다. 다만 수기 세금계산서는 직접 입력해야 매입세액 공제를 받을 수 있습니다.

필수로 제출해야 하는 서류를 작성하지 않고 신고할 경우, 경고창이 뜨면서 신고가 되지 않으니 필요 서류를 누락할 위험은 없지만 거래처의 정산이 지연되는 등 여러 가지 사유로 마감이 되지 않아 신고를 못하는 경우가 더러 있습니다. 이 경우 결국 신고를 못한 것이기 때문에 기한 후 신고를 해야 하고 가산세 대상이 됩니다. 세부적인 내용은 뒤에서 하나씩 풀어 가면 됩니다. 지금은 부가가치세 신고의 큰 흐름만 이해하시면 됩니다.

그리고 신고를 하기 전에 반드시 가장 먼저 해야 할 일이 있습니다. 모든 자료를 조회한 후 기록하고 합산해 두는 것입니다. 매출자료와 매입자료를 모두 조회하고 항목별로 집계해 두는 것입니다. 매출·매입 자료를 미리 확인하고 정리해 두면 신고서 작성을 원활하게 진행할 수 있습니다. 자료를 정리해 놓은 다음 예시를 참고해 주세요(다만, 신고과정상 본문 캡처 화면과 금액이 다른 부분이 있습니다. 참고 부탁드립니다).

그럼 시작해 볼까요?

매출자료

(단위: 원)

항목		매출	매출세액	합계
현금 영수증	단말기 현금영수증	230,099	23,010	253,109
	배민 현금매출*	41,316,254	4,131,774	45,448,028
홈택스 현금영수증 매출내역누계		41,566,260	4,134,877	45,701,137
신용카드	카드단말기	22,310,909	2,231,091	24,542,000
	배민 카드매출	138,816,448	13,882,277	152,698,725
	요기요 카드매출	17,025,170	1,702,517	18,727,687
	위메프 매출	213,636	21,364	235,000
신용카드 합계		178,366,163	17,837,249	196,203,412
과세신용카드/현금영수증 발행분 집계		219,932,423	21,972,126	241,904,549
기타 매출	배민 기타매출	13,378,289	1,337,958	14,716,247
	요기요 온라인 휴대폰 결제/기타	9,754,266	975,427	10,729,693
	요기요 현장 현금결제	455,455	45,545	501,000
기타매출 합계		23,588,010	2,358,930	25,946,940
총매출 집계		243,520,433	24,331,056	267,851,489

* 배민 현금매출이 현장 결제로 홈택스와 차이가 있지만 홈택스 현금영수증 매출내역으로 부가세 신고함.

매입자료

(단위: 원)

항목		공급가액	세액	공급액
세금계산서	전자세금계산서 (매입처수 15 / 매수 108)	50,170,198	5,012,983	55,183,181
	종이세금계산서 (매입처수 2 / 매수 3)	23,503,730	2,350,370	25,854,100
세금계산서 합계		73,673,928	7,363,353	81,037,281
신용카드 / 현금	현금지출증빙(563건)	8,299,359	801,253	9,100,612
	사업용신용카드(789건)	21,346,250	2,126,228	23,472,478
신용카드 / 현금지출증빙 발행분 합계		29,645,609	2,927,481	32,573,090
의제매입세액	전자계산서 (매입처수 1 / 매수 6)	98,847,200	7,322,014	106,169,214
	현금지출증빙 의제매입세액(46건)	803,238	59,498	862,736
의제매입세액 합계		99,650,438	7,381,512	107,031,950
총매입 집계		202,969,975	17,672,346	81,037,281

04 홈택스 로그인

홈택스란 세무서를 가지 않고 인터넷을 통하여 납세 업무를 처리할 수 있는 국세 종합 서비스를 말합니다. 홈택스에서는 신고뿐만 아니라 납부, 그동안 납부했던 이력의 확인까지 가능합니다. 그리고 홈택스를 통해서 민원증명도 쉽게 발급할 수 있습니다. 홈택스에 익숙해지면 이렇게 많은 것들을 편리하게 처리할 수 있습니다.

홈택스에서 연말정산을 하거나 각종 세금신고를 하기 위해서는 우선 로그인을 해야 합니다. 공공 기관의 로그인 기능은 몇 가지가 있지만 세금신고를 하기 위해서는 공동인증서(구 공인인증서)가 필요합니다.

그러면 부가가치세를 신고하기 위해서는 어떤 공동인증서가 필요할까요? 부가가치세는 과세사업자(법인, 개인)가 납부하는 세금이기 때문에 사업자용 공동인증서로 로그인을 해야 합니다. 개인용 공동인증서로는 부가가치세 신고를 할 수 없습니다. 반면 종합소득세 신고는 개인의 자격으로 하는 것이기 때문에 개인용 공동인증서로 로그인해야 합니다.

부가가치세는 사업장을 기준으로, 종합소득세는 개인을 기준으로 합니다. 만약 사업장이 여러 개라면 사업장별로 부가가치세 신고를 해야 합니다. 하지만 종합소득세는 여러 사업장의 소득을 합산하여 개인의 소득금액으로 한 번만 신고를 하면 됩니다. 부가가치세와 종합소득세 신고 대상의 차이는 이해하셨죠?

그러면 이제 홈택스에 로그인해보도록 하겠습니다. 우선 메인화면으로 들어갑니다.

❶ 메인화면 상단에서 '로그인'을 클릭합니다.

❷ [공동인증서 로그인]을 클릭해 로그인합니다.

초보 사장님 전자세금계산서 의무 발행 대상이 되었습니다. 기존의 공동인증서로
는 발행이 되지 않는데 어떻게 된 건가요?

택스코디 금융기관에서 인터넷뱅킹을 이용하기 위해서 발급하는 공동인증서를 금
융용 공동인증서라고 합니다. 금융용 공동인증서로는 전자세금계산서를 발행할
수 없습니다. 전자세금계산서를 발행하기 위해서는 전자세금용 공동인증서(가격
은 4,400원)를 금융 기관에서 발급받거나, 사업자용 범용인증서(가격은 약 8 만원)
를 발급받아야 합니다. 사업자용 범용인증서는 조달청 전자입찰 등에 사용됩니다.
통상적인 자영업자는 전자세금용 공동인증서를 발급받으면 되고, 조달청 전자입
찰을 할 정도의 규모면 사업자용 범용인증서를 발급받아야 합니다. 관할 세무서
에 전자세금계산서 발급용 보안카드를 발급받아 발행하는 방법도 있습니다.

05

과세표준 및
매출세액 신고

부가가치세 신고를 본격적으로 시작하기 전에 매출세액과 매입세액 부분을 설명하고 지나가겠습니다. 개인사업자가 부가가치세를 신고하기 위해서는 먼저 지난 과세기간 6개월 동안 번 돈, 즉 매출세액을 산정하기 위한 매출자료를 입력해야 합니다. 메인화면에서 '신고/납부 〉 세금신고 〉 부가가치세 〉 02. 일반과세자 신고내용'으로 들어가면 다음과 같이 과세표준 및 매출세액을 입력하는 화면이 나옵니다.

과세표준 및 매출세액					(단위:원)
항목		금액		세율	세액
과세 세금계산서 발급분	(1)	0	작성하기	10 / 100	0
과세 매입자발행 세금계산서	(2)	0		10 / 100	0
과세 신용카드 · 현금영수증 발행분	(3)	0	작성하기	10 / 100	0
과세 기타(정규영수증 외 매출분)	(4)	0	작성하기	10 / 100	0
영세율 세금계산서 발급분	(5)	0	작성하기	0 / 100	
영세율 기타	(6)	0	작성하기	0 / 100	
예정신고 누락분	(7)	0	작성하기		0
대손세액 가감	(8)		작성하기		0
합계	(9)	0		㉮	0

설명한 바와 같이 처음에는 매출세액을 정리해서 입력하면 됩니다. 활성화된 [작성하기] 버튼을 하나씩 클릭해서 불러오기를 하거나 직접 입력하는 방식으로 채워 나갑니다. 구체적인 과정은 '3장 홈택스 매출신고'에서 자세히 설명하도록 하겠습니다.

최종 소비자에게만 매출이 발생하는 경우는 과세 세금계산서 발급분이 없습니다. 세금계산서는 사업자 간에 거래를 하고 주고받는 영수증이기 때문이죠. 개인이 받을 수 있는 증빙은 신용카드 전표, 현금영수증뿐입니다. 사장님이 일반 손님들에게 신용카드나 현금영수증 또는 현금만 받고 음식을 파는 식당을 운영한다면 세금계산서 발급분이 없겠지만, 만약 어떤 회사에서 직원들 식사를 월 정산 방식으로 계산하고 세금계산서 발급을 요청할 경우에는 발급해 주면 됩니다.

역시 주의할 점이 있다면 활성화된 모든 버튼을 다 클릭해서 작성할 필요는 없다는 것입니다. 자신에게 해당되는 내용만 작성하면 됩니다. 통상은 [작성하기]의 두 번째 항목인 '과세 신용카드·현금영수증 발행분' 정도만 작성하는 경우가 대부분입니다. 그럼 구체적인 내용은 뒤에서 살펴보기로 하죠.

06
절세의 핵심,
매입세액 작성

계속 반복해서 말하지만 개인사업자의 부가가치세 신고는 매출세액에서 매입세액을 뺀 차액을 신고하고 납부하면 끝나는 아주 간단한 세금입니다. 그러면 여기서 답이 나오는 거죠. 납부할 세금이 적으려면 빼 주는 금액이 크면 됩니다. 바로 매입세액이죠. 그래서 절세의 핵심은 매입세액이라는 겁니다. 매입세액이 많으면 많을수록 납부해야 할 부가가치세는 줄어든다는 거죠.

장사하시는 분들이 신고기간만 되면 늘 "자료가 부족하다"라고 말합니다. 자료는 당연히 부족합니다. 그 부족한 상황에서도 최대한 잘 챙겨야 하는 것이 매입자료입니다. 바로 적격증빙이죠. 세금계산서, 신용카드 사용매입분, 현금영수증, 계산서 등이 있겠죠. 사업에 관련해서 발급받을 수 있는 적격증빙을 최대한 많이 받는 것이 절세의 핵심입니다.

매입세액은 '신고/납부 〉 세금신고 〉 부가가치세 〉 04. 매입. 경감공제세액'로 들어가면 다음과 같은 화면에서 작성할 수 있습니다.

◉ 매입세액 (단위:원)

항목		금액		세율	세액
세금계산서수취분 일반매입	(10)	0	작성하기		0
세금계산서수취분 수출기업 수입 납부유예	(10-1)		작성하기		
세금계산서수취분 고정자산 매입	(11)	0	작성하기		0
예정신고 누락분	(12)	0	작성하기		0
매입자발행 세금계산서	(13)	0	작성하기		0
그 밖의 공제매입세액 (신용카드 매입, 의제매입세액공제 등)	(14)	0	작성하기		0
합계 (10)-(10-1)+(11)+(12)+(13)+(14)	(15)	0			0
공제받지 못할 매입세액	(16)	0	작성하기		0
차감계 (15) - (16)	(17)	0		ⓝ	0
납부(환급)세액 (매출세액 ㉮ - 매입세액 ㉯)				㉰	0

절세를 위해 우린 매입세액을 잘 챙겨야 합니다. 보시는 것처럼 활성화된 [작성하기] 버튼이 달랑 두 개뿐입니다. '세금계산서수취분 일반매입'과 '그 밖의 공제매입세액(신용카드 매입, 의제매입세액 공제 등)'의 두 항목입니다. 정말 별것 없죠? 이 항목들만 집중적으로 작성하면 부가가치세 신고는 끝입니다. 구체적으로 작성하는 방법은 '4장 홈택스 매입신고'에서 설명해드리도록 하겠습니다.

이렇게 부가가치세 신고의 큰 흐름과 핵심 개념들을 먼저 짚어 봤습니다. 어떤가요? 자신감이 좀 생기시나요? 한 번만 따라하면서 주의사항만 잘 기억하시면 신고뿐만 아니라 앞으로 사업을 운영하실 때 어떻게 절세를 할 수 있는지 알 수 있습니다. 또한 더 적극적으로 세금에 관심을 가짐으로써 고용한 세무대리인을 제대로 살필 수 있을 거라 생각합니다. 이 어렵지 않은 개념과 흐름을 이해하고 나면 홈택스 시스템이 어떻게 바뀌더라도 전혀 문제없이 부가가치세 신고를 할 수 있게 됩니다.

그럼 이제 부가가치세 신고하기를 처음부터 시작해 볼까요?

3장

일반과세자의
홈택스 매출신고

01
일반과세자
부가가치세 신고 시작하기

기본정보 입력

부가가치세 신고는 일반과세자 신고와 간이과세자 신고로 나뉩니다. 간이과세사업자는 연 매출 8000만 원 미만인 사업자를 뜻합니다. 간이과세사업자는 연 매출이 8000만 원 이상으로 커지면 일반과세사업자로 전환해야 합니다. 본업이라면 기본적으로 연 매출 8000만 원 이상은 됩니다.

그에 따라 여기서는 우선 일반과세사업자 기준으로 부가가치세를 어떻게 신고하는지 살펴보려고 합니다. 아직 간이과세사업자이신 사장님들은 '5장 간이과세사업자 부가가치세 신고'를 참고하시길 바랍니다.

그럼 일반과세자 신고부터 살펴보도록 하겠습니다. 함께 홈택스 메인화면으로 이동해 볼까요?

❶ '신고/납부'를 클릭합니다.

❷ '세금신고' 메뉴에서 '부가가치세'를 클릭합니다.

❸ 일반과세자의 [정기신고(확정/예정)] 버튼을 클릭합니다. 그러면 다음의 기본
  정보 입력 화면이 나옵니다. 정기신고 외의 다른 모든 신고도 본인이 해당되는
  경우에 클릭하고 진행하면 됩니다. 내용은 다르지 않습니다.

❹ [새로 작성하기]를 클릭합니다.

❺ 사업자 등록번호를 입력하고 [확인] 버튼을 누릅니다. 처음 입력한다면 빈칸을 다 채워 주세요. 기존에 작성 중인 신고서가 있을 경우 '작성중인 신고서가 존재합니다'라는 팝업창이 뜹니다(79쪽 참고). 그러면 기존에 작성해 뒀던 사업자 세부사항이 자동으로 입력됩니다. 자동으로 채워지지 않는 메일주소 같은 항목은 직접 작성하시면 됩니다.

teht.hometax.go.kr에 삽입된 페이지 내용:

작성중인 신고서가 존재합니다.

확인

❻ 그리고 단계별로 작성하시다가 마무리하지 못한 경우 또는 다른 자료의 조회
를 하는 경우 저장해 두었다가 [신고서 불러오기]를 클릭하면 이전에 작성했던
부분부터 다시 작성할 수 있고 기작성분의 정정도 가능합니다.

❼ 매출 실적이 없는 무실적자인 경우 [무실적신고] 버튼을 클릭해 신고해 주세요.

❽ [저장 후 다음이동]을 클릭하면 다음 화면으로 이동합니다.

홈택스 입력서식 선택

신고를 하기 위해서는 자신의 업종에서 입력해야 하는 서식을 선택해야 합니다.

입력서식을 선택할 수 있지만 다음 화면에서 보시는 것처럼 주업종코드에 해당
하는 기본적인 서식은 자동으로 체크가 되어 있습니다. 필요한 서식들은 추가로
체크 표시를 해서 입력할 수 있습니다. 통상의 경우 그대로 쓰면 되지만 추가로
입력할 서식이 있는 경우 빈 박스에 체크를 하면 왼쪽에 입력할 서식이 메뉴로
나타납니다.

● 입력서식 선택

- 입력할 서식을 선택 하신 후, 신고서 제출까지 내용을 입력하십시오.
- 체크 표시를 하면 왼쪽에 입력할 서식이 메뉴로 나타납니다.
- 주업종코드에 해당하는 서식은 아래와 같이 기본적으로 선택됩니다.
※ "경감.공제내역/가산세/예정고지(신고)"에 해당되는 사항은 반드시 화면하단의 선택사항을 체크하셔야 신고서 입력이 가능합니다.

입력서식 도움말

과세표준 및 매출세액	매입세액/경감 · 공제세액	기타제출서류(영세율 제외)	기타제출서류(영세율)
☑ 매출처별세금계산서 합계표	☑ 매입처별세금계산서 합계표	☐ 동물진료용역 매출명세서	☐ 영세율 매출명세서
☐ 부동산임대공급가액 명세서	☐ 매입처별 세금계산서합계표 (수출기업 수입 납부유예)	☐ 건물관리명세서	☐ 수출실적명세서
☑ 신용카드매출전표등 발행금액 집계표	☐ 건물 등 감가상각자산 취득명세서 (고정자산매입이 있는 경우)	☑ 사업장현황명세서	☐ 내국신용장 · 구매확인서 전자발급명세서
☐ 전자화폐결제 명세서	☐ 매입자발행 세금계산서 합계표	☐ 사업양도신고서	☐ 영세율 첨부서류 제출명세서
☐ 현금매출 명세서	☑ 신용카드매출전표등 수령명세서	☐ 간이과세 전환시의 재고품등 신고서	☐ 관세환급금 등 명세서
☐ 대손세액 공제신고서	☑ 의제매입세액 공제신고서	☐ 매출처별 계산서 합계표	☐ 선박에 의한 운송용역 공급가액 일람표
☑ 기타매출분	☐ 평창동계올림픽 관련 사업자에 대한 의제매입세액 공제신고서	☑ 매입처별 계산서 합계표	☐ 공급가액 확정명세서
☐ 예정신고누락분	☐ 2019 광주 세계수영 선수권대회 의제매입세액 공제신고서	☐ 사업장별 과세표준 및 납부세액 신고명세서	☐ 외항 선박 등에 제공한 재화용역 일람표
☑ 과세표준명세	☐ 재활용폐자원 및 중고 자동차 매입세액	☐ 사업자단위과세 과세표준 및 납부세액 신고명세서	☐ 재화용역 공급기록표
	☑ 그 밖의 경감 · 공제세액		☐ 외국인관광객 숙박용역 환급실적명세서
	☐ 신용카드 매출전표 등 발행공제 등		
	☐ 스크랩등 매입세액 공제신고서		
	☐ 외국인 관광객에 대한 환급 세액		
	☑ 소규모 개인사업자 부가가치세 감면 신청서		

경감 · 공제세액	예정고지 · 예정신고 미환급세액	기납부세액	가산세
☐ 택시운송사업자경감세액	☐ 예정고지세액	☐ 사업양수자의 대리납부 기납부세액	☐ 가산세
☐ 현금영수증사업자세액공제	☐ 예정신고미환급세액	☐ 매입자납부특례기납부세액	
☑ 전자신고공제세액		☐ 신용카드업자의 대리납부 기납부세액	

이전　**저장 후 다음이동**

74

그럼 어떤 서식들이 있는가를 하나하나 살펴볼까요.

과세 표준 및 매출세액

제일 먼저 '과세표준 및 매출세액'을 입력하는 서식의 종류입니다. 매출분을 입력하는 부분으로 적격증빙(세금계산서, 신용카드, 현금영수증)을 발급해 준 모든 매출자료를 누락 없이 입력해야 합니다. 재차 확인함으로써 매출 누락으로 추후 소명요청을 받는 일이 없도록 합니다.

과세표준 및 매출세액
☑ 매출처별세금계산서 합계표
☐ 부동산임대공급가액 명세서
☑ 신용카드매출전표등 발행금액 집계표
☐ 전자화폐결제 명세서
☐ 현금매출 명세서
☐ 대손세액 공제신고서
☑ 기타매출분
☐ 예정신고누락분
☑ 과세표준명세
☐ 면세수입금액

☑ 매출처별세금계산서 합계표: 세금계산서를 발행하여 매출한 내역들을 작성

☐ 부동산임대공급가액 명세서: 부동산 임대사업자의 보증금, 월세 등의 수입을 작성

☑ 신용카드매출전표등 발행금액집계표: 신용카드, 현금영수증 매출이 있는 경우 작성

☐ 전자화폐결제 명세서: 매출대금을 전자화폐로 결제받은 경우 작성

☐ 현금매출 명세서: 현금영수증 의무발행 사업자가 작성

☐ 대손세액 공제신고서: 외상매출금 등이 대손되어 대손세액을 공제받는 사업자가 작성

☑ 기타매출분: 세금계산서, 신용카드, 현금영수증을 발행하지 않는 현금매출을

작성

☐예정신고누락분: 예정신고 시 신고하지 못한 매출을 확정신고 시 신고하는 경우에 작성

☐과세표준명세: 부가가치세 과세매출액을 업종코드별로 분류하여 작성(반드시 작성해야 하는 서식)

☐면세수입금액: 부가가치세 면세매출액을 작성

매입세액 및 경감 공제세액

'매입세액/경감·공제세액' 항목 역시 자신의 업종에서 입력해야 하는 서식을 선택해야 합니다. 그럼 매입세액 및 경감 공제세액에는 어떤 서식들이 있는지 먼저 살펴볼까요?

매입세액/경감 · 공제세액
☑ 매입처별세금계산서 합계표
☐ 매입처별 세금계산서합계표 (수출기업 수입 납부유예)
☐ 건물 등 감가상각자산 취득명세서 (고정자산매입이 있는 경우)
☐ 매입자발행 세금계산서 합계표
☑ 신용카드매출전표등 수령명세서
☑ 의제매입세액 공제신고서
☐ 평창동계올림픽 관련 사업자에 대한 의제매입세액 공제신고서
☐ 2019 광주 세계수영 선수권대회 의제매입세액 공제신고서

☑매입처별세금계산서 합계표: 세금계산서를 수취하여 매입한 내역을 작성

☐건물 등 감가상각자산 취득명세서: 건물, 기계장치, 차량 등 고정자산을 매입한 경우 작성

☐매입자발행 세금계산서 합계표: 매입자가 관할 세무서로부터 거래사실확인 통지를 받고 발행한 경우 작성

☑신용카드매출전표등 수령명세서: 신용카드, 현금영수증의 매입이 있는 경우 작성

☐ 재활용폐자원 및 중고 자동차 매입세액 공제신고서	☑ 의제매입세액 공제신고서: 음식업, 제조업 등을 운영하는 사업자가 면세 농축수산물 매입에 의해 의제매입세액 공제를 받고자 할 때 작성

☑ 의제매입세액 공제신고서: 음식업, 제조업 등을 운영하는 사업자가 면세 농축수산물 매입에 의해 의제매입세액 공제를 받고자 할 때 작성

☐ 재활용폐자원 및 중고자동차 매입세액 공제신고서: 재활용사업자, 중고자동차 매매사업자가 재활용폐자원매입세액 공제를 받고자 할 때 작성

☐ 과세사업전환 감가상각자산 신고서: 면세사업에서 과세사업으로 전환 시 감가상각자산을 매입세액으로 공제받고자 할 때 작성

☐ 대손세액 변제신고서: 거래처에 외상매입금을 변제하여 당초 공제받지 못했던 매입세액을 공제받고자 할 때 작성

☐ 공제받지 못할 매입세액 명세서: 사업과 직접 관련 없는 매입, 면세 겸업자 공통매입, 비영업승용차 매입 등을 작성

☐ 전자세금계산서 발급세액 공제신고서: 전자세금계산서 발급세액 공제는 폐지되어 작성하지 않아도 됨

☐ 예정신고누락분: 예정신고 시 신고하지 못한 매입을 확정신고 시 신고하는 경우 작성

☐ 기타공제매입세액: 발급받은 신용카드 매출전표 등의 매입세액, 의제매입세액, 재활용폐자원 등에 대한 매입세액, 재고매입세액, 변제대손세액 또는 외국인 관광객에 대한 환급세액이 있는 사업자가 작성

☐공제받지 못할 매입세액(대손처분받은 세액): 대손처분받은 세액이 있는 경우 '대손처분받은 세액' 항목에 직접 입력

☑그 밖의 경감·공제세액: 전자신고세액공제, 택시운송사업자경감세액, 현금영수증사업자세액공제를 입력

☑신용카드 매출전표 등 발행공제 등: 개인사업자로서 소매업자, 음식점업자, 숙박업자 등이 신용카드 및 전자화폐에 의한 매출이 있는 경우 작성

☐스크랩등 매입세액 공제신고서: 스크랩 등 매입이 있는 사업자가 입력

☐외국인관광객에 대한 환급세액: 외국인 관광객에 대한 환급세액이 있는 사업자가 입력

☑소규모 개인사업자 부가가치세 감면 신청서: 연매출 4,800만 원 미만의 개인사업자인 경우 작성

이 부분이 가장 중요한 부분이라고 생각하시면 됩니다. 벌기 위해 쓴 돈을 빼 주는 부분이기 때문입니다. 납부해야 할 부가가치세에서 매입세액 자료를 그대로 공제해 주기 때문에 매입세액 자료를 많이 준비할수록 절세가 되겠죠? 뒤에서 하나하나 정리해 보겠습니다. 역시 자신의 사업에 해당되는 부분만 체크하고 입력하면 됩니다.

매출자료에서는 누락되면 세무조사를 받을 수 있고 매입자료에서는 공제받아선 안 되는 항목들을 공제받으면 세무조사를 받을 수 있습니다. 이 점을 명심하시면 되겠습니다. 앞서 언급했던 것처럼 누가 봐도 안 되는 항목은 애초에 매입세액 공제를 받지 않는 것이 맞습니다.

기타제출서류(영세율 제외)

세 번째 역시 신고를 하기 위해서는 자신의 업종에서 입력해야 하는 서식을 선택해야 합니다. 그럼 기타제출서류(영세율제외)에는 어떤 서식들이 있는지 먼저 살펴볼까요?

□동물진료용역 매출명세서: 부가가치세가 면세되는 동물진료용역을 제공하는 사업자가 입력

□건물관리명세서: 부동산관리업을 경영하는 사업자가 입력(주거용건물관리는 제외)

☑사업장현황명세서: 음식, 숙박업자 및 그 밖의 서비스업자가 확정신고 시 입력

□사업양도신고서: 사업을 양도하여 재화의 공급으로 보지 않는 사업자가 입력

□간이과세 전환시의 재고품등 신고서: 일반과세자가 간이과세자로 변경되는 경우 재고품을 입력

□매출처별 계산서 합계표: 계산서를 발행하여 매출한 내역을 작성

☑매입처별 계산서 합계표: 계산서를 발급받아 매입한 내역을 작성

□사업장별 과세표준 및 납부세액 신고명세서: 총괄 납부 주사업자가 각 종사업장의 과세표준 및 납부세액 명세를 작성

□사업자단위과세 과세표준 및 납부세액 신고명세서: 사업자단위과세자가 지점의 과세표준 및 납부세액 명세를 작성

기타제출서류(영세율)

앞에서 보셨듯이, 주업종코드에 해당하는 기본적인 서식은 자동으로 체크가 되지만 이 항목에서는 대부분 해당사항이 없기 때문에 체크되어 있지 않습니다. 필요한 서식들은 추가로 체크 표시를 해서 입력할 수 있습니다. 통상의 경우 그대로 쓰면 되지만 추가로 입력할 서식이 있는 경우 빈 박스에 체크를 하면 왼쪽에 입력할 서식이 메뉴로 나타납니다.

그럼 기타제출서류(영세율)에는 어떤 서식들이 있는지 먼저 살펴볼까요?

기타제출서류(영세율)
☐ 영세율 매출명세서
☐ 수출실적명세서
☐ 내국신용장 · 구매확인서 전자발급명세서
☐ 영세율 첨부서류 제출명세서
☐ 관세환급금 등 명세서
☐ 선박에 의한 운송용역 공급가액 일람표
☐ 공급가액 확정명세서
☐ 외항 선박 등에 제공한 재화용역 일람표
☐ 재화용역 공급기록표
☐ 외국인 물품판매, 외교관 면세판매 기록표
☐ 재화용역 공급기록표
☐ 외국인 물품판매, 외교관 면세판매 기록표
☐ 외화획득명세서

☐ 영세율 매출명세서: 부가가치세법 및 조세특례제한법에 의해 영세율을 적용받는 사업자가 영세율 명세를 작성

☐ 수출실적명세서: 외국으로 재화를 직접 반출(수출)하여 영세율을 적용받는 사업자가 작성

☐ 내국신용장·구매확인서 전자발급 명세서: 전자무역문서로 발급된 내국신용장, 구매확인서에 의해 공급하는 재화 또는 수출재화 임가공용역에 대해 영세율을 적용받는 사업자가 작성

☐ 영세율 첨부서류 제출명세서: 개별소비세 수출면세의 적용을 받기 위해 수출신고필증, 우체국장이 발행한 소포수령증(우편수출의 경우로 한정함) 등을 개별소비세 과세표준신고서와 함께 이미 제출한 사업자가 부가가치세 신고를 할 때 해당 서류를 별도로

□ 월별 판매액 합계표

□ 외국인관광객 면세물품
판매 및 환급실적명세서

□ 외국인관광객 즉시환급
물품 판매 실적명세서

□ 입국경로에 설치된
보세판매장 공급실적명세서

□ 외국인관광객 미용성형
의료용역 환급실적명세서

□ 외국인관광객 숙박용역
환급실적명세서

제출하지 아니하려는 경우 또는 영세율 첨부서류를 전산테이프 또는 디스켓으로 제출하려는 사업자가 작성

□ 관세환급금 등 명세서: 세관으로부터 관세를 환급받은 사업자가 작성

□ 선박에 의한 운송용역 공급가액 일람표: 선박에 의해 운송용역 공급가액 일람표를 입력

□ 공급가액 확정명세서: 항공기에 의한 외국항행용역 공급내역을 입력

□ 외항 선박 등에 제공한 재화용역일람표: 외국항행 선박 등에 제공한 재화나 용역을 입력

□ 재화용역 공급기록표: 외교공관 등에 공급한 재화 또는 용역을 입력

□ 외국인 물품판매, 외교관 면세판매 기록표: 외국인에게 물품 판매, 외교관에게 면세판매한 기록표를 입력

□ 외화획득명세서: 비거주자 또는 외국법인에 재화나 용역을 공급하고 대금을 외국환은행에서 원화로 받은 내용을 입력

□ 월별 판매액 합계표: 장애인용보장구, 농축임어업용기자재의 월별 판매액을 입력

□ 외국인 관광객 면세물품 판매 및 환급실적명세서: 외국인관광객에게 물품을 판매하고 영세율을 적용받으려는 면세판매자가 작성

이 부분은 항목을 보면 알 수 있듯이 수출을 하는 업종에 관련된 항목입니다. 요즘 인기가 많은 유튜버들도 영세율을 적용받는 업종입니다. 영의 세율은 매출에

매출세액을 부과하지 않는다는 뜻입니다. 그래서 매출세액이 없으므로 사업에 필요한 비용으로 지출한 매입세액을 전액 환급받을 수 있기 때문에 영의 세율을 적용받는 사업자는 반드시 일반과세 사업자로 시작하시는 게 맞습니다. 이 부분은 따로 또 설명을 드릴 부분이 있을 것 같네요.

영세율까지 체크하고 스크롤을 내리면 다음과 같이 경감·공제세액 및 기타 항목들을 확인할 수 있습니다.

경감 · 공제세액	예정고지 · 예정신고 미환급세액	기납부세액	가산세
☐ 택시운송 사업자경감세액	☐ 예정고지세액	☐ 사업양수자의 대리납부 기납부세액	☐ 가산세
☐ 현금영수증 사업자세액공제	☐ 예정신고미환급세액	☐ 매입자납부특례기납부세액	
☑ 전자신고공제세액		☐ 신용카드업자의 대리납부 기납부세액	

이전   저장 후 다음이동

해당되는 경우 자동으로 체크가 됩니다. 체크된 '전자신고공제세액'은 홈택스에서 사업자 본인이 신고할 경우 1만원의 세액을 공제해 주는 항목입니다. 이 또한 신청하지 않으면 공제해 주지 않습니다. 이 부분은 뒤에서 한 번 더 자세히 설명하도록 하겠습니다.

모든 항목에 체크를 했으면, [저장 후 다음이동]을 클릭해 다음 단계인 '02. 일반과세자 신고내용'으로 넘어갑니다.

홈택스에서 신고서 작성을 하기 전에 앞서 확인했던 자료의 조회를 통해 각종 매출과 매입내역을 집계해 놓으면 신고서 작성이 편합니다. 홈택스에서 조회할 수 있는 전자세금계산서, 전자계산서, 신용카드 및 현금영수증 등의 매출 매입 금액의 집계와 배달의민족이나 요기요, 네이버스토어 등에서 확인 가능한 매출금액의 합계를 항목별로 집계해 놓은 상태에서 입력하면 됩니다. 그럼 어떤 금액을 합산하고 입력하는지 순서대로 살펴보겠습니다.

'01. 일반과세자 기본정보 입력' 단계가 끝나면 '02. 일반과세자 신고내용' 단계로 이동하면 다음의 화면이 나옵니다. 과세표준 및 매출세액을 입력하기 위해서는 아래 화면의 각 서식 중 해당 항목을 순서대로 채워야 합니다.

과세표준 및 매출세액		금액		세율	세액 (단위:원)
항목					
과세 세금계산서 발급분	(1)	0	작성하기	10 / 10 0	0
과세 매입자발행 세금계산서	(2)	0		10 / 10 0	0
과세 신용카드 · 현금영수증 발행분	(3)	0	작성하기	10 / 10 0	0
과세 기타(정규영수증 외 매출분)	(4)	0	작성하기	10 / 10 0	0
영세율 세금계산서 발급분	(5)	0	작성하기	0 / 100	
영세율 기타	(6)	0	작성하기	0 / 100	
예정신고 누락분	(7)	0	작성하기		0
대손세액 가감	(8)		작성하기		0
합계	(9)	0		㉓	0

만약 작성하기 버튼이 활성화되지 않아 입력이 되지 않는 경우 스크롤을 맨 아래로 내려 하단의 [이전] 버튼을 클릭하여 입력서식 화면으로 돌아간 후, 체크박스를 표시하면 [작성하기] 버튼이 활성화됩니다. 그러면 이제 하나하나 세부적인 단계들을 설명하겠습니다.

과세 세금계산서 발급분

다음과 화면에서 보는 것과 같이 '과세표준 및 매출세액' 항목 중 가장 첫 번째에 위치한 항목은 '과세 세금계산서 발급분'입니다. 세금계산서 발급분은 매출이 생겼을 때 상대 거래처에 발급해 준 세금계산서 내역을 말합니다.

과세표준 및 매출세액		금액 ❶		세율	세액 (단위:원)
항목		금액 ❶		세율	세액
과세 세금계산서 발급분	(1)	0	작성하기	10 / 100	0
과세 매입자발행 세금계산서	(2)	0		10 / 100	0
과세 신용카드 · 현금영수증 발행분	(3)	0	작성하기	10 / 100	0
과세 기타(정규영수증 외 매출분)	(4)	0	작성하기	10 / 100	0
영세율 세금계산서 발급분	(5)	0	작성하기	0 / 100	
영세율 기타	(6)	0	작성하기	0 / 100	
예정신고 누락분	(7)	0	작성하기		0
대손세액 가감	(8)		작성하기		0
합계	(9)	0		㉑	0

❶ 과세 세금계산서 발급분을 입력하기 위해서 [작성하기]를 클릭하면 다음의 화

면으로 이동합니다.

❷ [전자세금계산서 자료 조회]를 클릭하면 다음과 같은 화면으로 넘어갑니다. 전
자세금계산서 발급분은 기본적으로 입력이 완료되어 있습니다.

❸ 매출을 선택합니다.

❹ 조회기간을 설정합니다.

❺ [조회하기]를 클릭합니다.

[조회하기]를 클릭하면 다음과 같이 '전자세금계산서 합계표 매출내역조회' 창이

나타납니다. 이를 통해서 전자세금계산서 발급 현황을 조회할 수 있습니다.

전자세금계산서 합계표 매출내역조회 ⊗

❻ 과세기간 종료일 다음달 11일까지 전송된 매출 전자세금계산서 합계

구분	매출처 수	매수	공급가액	세액
합계	0	0	0	0
사업자등록번호 발급분	0	0	0	0
주민등록번호 발급분	0	0	0	0

· 과세기간 종료일 다음달 11일까지 전송된 전자세금계산서 매출처별 명세   [사업자별 명세 조회]

일련번호	공급받는자 사업자등록번호 (주민등록번호)	상호(법인명)	매수	공급가액	세액

← ‹ › → 총0건(0/0)

❼ 과세기간 종료일 다음달 12일부터 전송된 매출 전자세금계산서 합계

※ 부가가치세 신고시 아래 조회되는 합계와 명세는 종이세금계산서 발급분과 합산하여 신고하시기 바랍니다.

구분	매출처 수	매수	공급가액	세액
합계	0	0	0	0
사업자등록번호 발급분	0	0	0	0
주민등록번호 발급분	0	0	0	0

※ 오늘 발급분과 전송분은 다음날 합계표에 반영됩니다.

· 과세기간 종료일 다음달 12일부터 전송된 전자세금계산서 매출처별 명세   [사업자별 명세 조회]

일련번호	공급받는자 사업자등록번호 (주민등록번호)	상호(법인명)	매수	공급가액	세액

1 총0건(0/0)

❽ [닫기]

❻ 과세기간 종료일 다음달 11일까지(원칙은 다음달 10일이지만 공휴일이 있을 경우 다음 근무일까지) 전송된 매출 전자세금계산서 합계

1기: 1월~6월의 제1기 과세기간이 종료된 7월 11일까지 전송된 매출 전자세금계산서의 합계

2기: 7월~12월의 제2기 과세기간이 종료된 1월 11일까지 전송된 매출 전자세금계산서의 합계를 의미합니다.

❼ 과세기간 종료일 다음달 12일부터 전송된 매출 전자세금계산서 합계

1기: 1월~6월의 제1기 과세기간이 종료된 7월 12일부터 전송된 매출 전자세금계산서의 합계

2기: 7월~12월의 제2기 과세기간이 종료된 1월 12일부터 전송된 매출 전자세금계산서의 합계를 의미합니다.

이 기간에 해당되는 전자세금계산서는 종이세금계산서 발급분과 합산하여 작성하시면 됩니다. 거래 건수와 매수, 공급가액의 합계를 기입하면 됩니다.

❽ 조회를 마쳤으면 [닫기]를 클릭합니다.

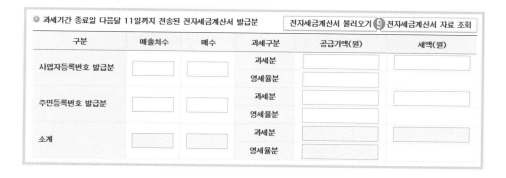

❾ [전자세금계산서 불러오기] 버튼을 누르면 전자세금계산서 발급분이 기본적으로 입력됩니다. 조회했던 것과 비교해 일치하는지 확인합니다. 다만 전자세금계산서 발급분이 없을 경우 다음과 같은 팝업창이 뜹니다. 해당 사례의 사업장은 치킨 포장 배달 전문점으로 전자세금계산서 발급분이 없습니다.

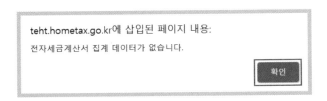

이럴 경우, [확인] 버튼을 클릭해 넘어갑니다.

스크롤을 내리면 다음과 같은 화면이 나옵니다. 종이세금계산서가 있거나 마감일 이후 주민등록번호로 발급한 세금계산서가 있다면 매출처 수와 매수, 공급가액, 세액을 입력합니다.

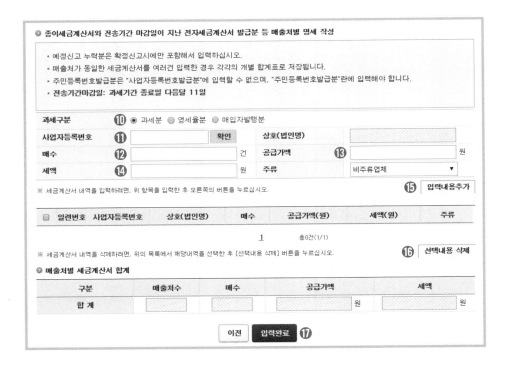

⑩ 과세구분: 과세분을 선택합니다.

⑪ 사업자등록번호: 매출처의 사업자 번호를 입력하고 [확인]을 클릭해 상호를 확인합니다.

⑫ 매수: 매수를 입력합니다.

⑬ 공급가액: 공급가액 합계를 입력합니다.

⑭ 세액: 매수와 공급가액을 입력하면 자동으로 입력됩니다.

⑮ 입력내용추가: 해당 거래처의 입력이 완료된 후 클릭합니다. 바로 아래에 입력된 내용이 나타납니다.

⑯ 선택내용 삭제: 잘못 입력했을 경우에 해당거래처에 체크한 후 클릭하시면 됩니다.

⑰ 입력완료: 입력을 마쳤으면 [입력완료]를 클릭하고 '과세표준 및 매출세액' 화면에서 '과세 세금계산서 발급분'의 금액과 세액을 확인합니다.

해 보시면 아시겠지만 종이세금계산서는 관리도 잘 해야 하고 신고 시에 번거롭기도 합니다. 그래서 전자세금계산서를 주고받으시는 게 제일 편합니다. 하지만 앞서 언급한 것처럼 세금계산서는 발급할 일이 거의 없어 입력할 일이 별로 없습니다. 그래서 거의 공란입니다.

03
과세 신용카드·현금영수증
발행분

이제 세금계산서를 발행하지 않은 기타매출분을 작성하는 방법을 살펴볼까요? 구체적으로 부동산임대공급가액 명세서, 현금매출명세서, 신용카드 매출금액, 발행금액집계표, 전자화폐 결제명세서 등이 있습니다. 한 번 더 강조하지만 모든 칸을 채우려고 하지 말고, 각 사업장에 해당하는 서식만 작성하면 됩니다. 음식업을 하는 사장님들은 배달의민족, 요기요 등의 배달 플랫폼을 많이 이용하십니다. 이렇게 배달 플랫폼에서 발생한 매출 중에는 홈택스에 잡히지 않는 금액들이 있습니다. 이러한 매출은 해당 플랫폼의 사이트로 들어가서 일일이 확인한 후 홈택스에 입력해야 합니다. 여기서는 편의를 위해 중간에 설명하겠지만, 실제로 신고할 때는 흐름이 끊기므로 미리미리 확인하여 작성해 놓으시길 바랍니다. 그러면 우선 신용카드 매출금액을 집계하고 입력해 보겠습니다.

신용카드 매출금액 작성하기

과세표준 및 매출세액		금액		세율	세액 (단위:원)
과세 세금계산서 발급분	(1)	0	작성하기	10 / 100	0
과세 매입자발행 세금계산서	(2)	0		10 / 100	0
과세 신용카드·현금영수증 발행분	(3)	❶ 0	작성하기	10 / 100	0
과세 기타(정규영수증 외 매출분)	(4)	0	작성하기	10 / 100	0
영세율 세금계산서 발급분	(5)	0	작성하기	0 / 100	
영세율 기타	(6)	0	작성하기	0 / 100	

❶ 과세 신용카드·현금영수증 발행분의 [작성하기] 버튼을 클릭합니다. 그러면 기타매출분 화면이 나옵니다.

❷ '신용카드매출금액등 발행금액집계표'의 [작성하기]를 클릭하면 '신용카드 매

출전표등 발행금액집계표'의 화면이 나옵니다. 참고로 바로 아래 항목인 '전자화폐결제명세서'는 거의 작성할 일이 없습니다. 손님이 전자화폐방식(삼성페이, 카카오페이 등)으로 결제하더라도, 이미 신용카드, 현금영수증 등으로 입력되기 때문입니다.

구분	신용·직불·기명식 선불카드	현금영수증	직불·기명식 선불전자지급수단	합계
합계				
과세매출분				
면세매출분				
봉사료				

※ 발행금액조회 버튼을 클릭하시면 신고기간에 해당하는 신용·직불·기명식선불카드 발행내역을 조회할 수 있습니다.

신용·직불· 기명식선불 카드 매출총액	**발행내역조회** ❸	현금영수증 매출총액	**발행내역조회**

❸ '신용·직불·기명식선불 카드 매출총액'의 [발행내역조회]를 클릭하면 다음과 같은 화면이 뜨면서 신용카드 매출자료 내역을 조회할 수 있습니다. 다만, 국세청에 제공된 정보에 한해 조회가 가능하므로 사업자가 사용하는 단말기 회사를 통해 정확한 매출액을 확인할 필요가 있습니다.

신용카드 매출자료 조회

- 신용카드로 일어난 매출자료로 부가세 포함, 현금영수증발행 금액은 제외된 자료입니다.
- 신용카드 결제금액은 직불카드, 현금IC카드 결제금액을 포함하고 있습니다.
- 구매전용카드 결제금액은 주류구매카드 결제금액을 포함하고 있습니다.
- 판매대행 또는 결제대행업체를 통한 신용카드 결제금액은 제외되어 있습니다. 판매대행사 또는 결제대행사에 매출금액을 확인 후 포함하여 신고하시기 바랍니다.
- 신용카드 매출자료는 사용자의 세무처리 등에 도움을 주기 위하여 제공하는 것으로 매출액 등의 차이가 있을 수 있으므로, 참고 자료로만 이용하시기 바랍니다.

● 신용카드 매출자료 조회

* 사업자등록번호 ▢▢▢▢▢▢▢▢   ❹ 결제년도 [2020 ▼] 년 [3분기 ▼] ~ [4분기 ▼] ❺ [조회하기]

순번	승인년월	건수	매출액계	신용카드 결제	구매전용카드 결제	봉사료
	합계	1,172	24,542,000	❻ 24,542,000	0	0
1	2020-07	245	4,971,000	4,971,000	0	0

❹ 과세기간의 매출구간을 설정합니다. 반기신고이므로 3~4분기로 설정합니다.

❺ [조회하기]를 클릭합니다.

❻ '신용카드 결제 24,542,000'을 확인합니다.

확인하였으면 창닫힘 버튼을 눌러 닫습니다. 그다음은 홈택스에서 조회되지 않는 배달 플랫폼의 매출자료를 직접 확인해서 여기에 합산해야 합니다. 그 후 '신용카드 매출전표등 발행금액집계표' 화면에서 직접 입력합니다.

해당 사례는 치킨 포장 배달 전문점으로 배달 플랫폼을 통해 발생한 매출이 대부분입니다. 각 사이트에서 매출자료를 확인할 수 있습니다. 먼저 배달의민족 매출자료를 살펴보겠습니다. 배민 사장님광장 사이트^{ceo.baemin.com}로 들어가서 로그인하면 다음과 같은 화면이 나옵니다.

❶ 로그인 후 메인화면에서 [셀프서비스]를 클릭하면 다음과 같은 화면으로 넘어갑니다.

❷ '부가세신고내역' 메뉴를 클릭합니다. ❸ 해당 분기를 선택한 후 ❺ [조회]를 클릭합니다. 다섯 종류의 매출내역이 있지만 그중 홈택스 신용카드 매출에 더할 항목은 ❺ '카드매출' 152,698,725원입니다. 나머지 다른 매출은 따로 뒤에서 순서대로 설명하겠습니다. '배민만나서결제 카드'는 홈택스 신용카드매출내역에 집계된 금액이므로 추가하면 안 됩니다.

다음은 요기요 사장님 사이트에서 부가세신고내역을 확인해 보겠습니다. 요기요 사장님 사이트owner.yogiyo.co.kr/owner/로 들어가면 다음과 같은 메인화면이 보입니다.

❶ 아이디와 비밀번호를 입력합니다.

❷ [로그인] 버튼을 눌러 로그인합니다.

❸ 우측 상단 메뉴 중 '매출관리'를 클릭합니다.

❹ '부가가치세 신고자료'를 클릭합니다.

❺ '사업자 번호'를 입력합니다.

❻ '조회기준'을 선택합니다.

❼ '조회기간'을 선택합니다.

❽ [조회]를 클릭하면 다음과 같은 화면이 나옵니다.

조회기간		월	건수	주문금액					매출
년도	분기			온라인 신용카드	온라인 휴대폰결제	온라인 기타	현장 신용카드	현장 현금	
2020년도	3분기	07월	294건	3,804,097	223,200	1,511,103	257,000	80,000	5,875,400
2020년도	3분기	08월	276건	3,213,785	49,050	1,706,015	366,000	77,000	5,411,850
2020년도	3분기	09월	263건	3,108,652	113,150	1,835,888	274,000	0	5,331,690
2020년도	4분기	10월	242건	2,533,762	90,250	1,888,048	218,500	188,500	4,919,060
2020년도	4분기	11월	229건	2,927,100	87,870	1,326,230	227,500	68,000	4,636,700
2020년도	4분기	12월	249건	3,140,291	275,070	1,623,819	124,500	87,500	5,251,180
합계			1,553건	Ⓐ 18,727,687	838,590	9,891,103	Ⓑ 1,467,500	501,000	31,425,880

여기서 주의할 점은 Ⓐ '온라인 신용카드' 합계금액인 18,727,687원을 신용카드 매출금액에 합산해야 하고, Ⓑ '현장 신용카드' 금액은 홈택스 신용카드 매출금액에 이미 포함되어 있기 때문에 중복으로 매출을 잡으면 안 된다는 것입니다.

이 부분을 잘 몰라서 중복하게 되면 매출액이 늘어서 부가가치세 부담이 늘어나고 향후 종합소득세 과세표준도 늘어납니다. 그래도 국가에서는 아무런 언급도 하지 않습니다. 그냥 더 내고 끝나는 겁니다. 이런 걸 제대로 알아야 엉뚱한 돈이 안 나갑니다.

그럼 홈택스에서 조회한 신용카드 매출액과 배달의민족, 요기요에서 발생한 신용카드 매출액의 합계를 입력해야 합니다. 해당 사례의 업소에는 추가로 위메프에서 발생한 신용카드 매출 235,000원이 있습니다. 이 금액 또한 합해 줍니다.

| 신용카드
24,542,000 | + | 배달의민족
152,698,725 | + | 요기요
18,727,687 | + | 위메프
235,000 | = | 합계
196,203,412원 |

다시 '신용카드 매출전표등 발행금액집계표' 화면으로 돌아갑니다.

구분	신용 · 직불 · 기명식 선불카드	현금영수증	직불 · 기명식 선불전자지급수단	합계
합계	196,203,412	0	0	196,203,412
과세매출분	196,203,412			196,203,412
면세매출분				0
봉사료				0

※ 발행금액조회 버튼을 클릭하시면 신고기간에 해당하는 **신용 · 직불 · 기명식선불카드** 발행내역을 조회할 수 있습니다.

| 신용 · 직불 ·
기명식선불 카드 매출총액 | 발행내역조회 | 현금영수증 매출총액 | 발행내역조회 |

해당 금액을 입력합니다. 이제 현금영수증 매출내역을 입력해 보겠습니다.

현금영수증 매출내역 작성하기

현금영수증 매출내역을 입력하기 위해서는 먼저 현금영수증 매출내역을 확인해야 합니다. 한 번 더 말씀드리지만, 이 과정은 신고 전에 미리 확인하고 현금영수증 매출총액을 계산해 두면 편합니다. 그럼 확인해 볼까요?

메인화면에서 '조회/발급 〉 현금영수증조회 〉 매출내역 누계조회'를 클릭합니다.

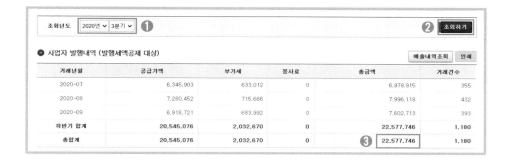

❶ 조회년도와 분기를 설정합니다.

❷ [조회하기]를 누릅니다.

❸ 해당 기간의 현금영수증 '총금액'을 확인할 수 있습니다. '22,577,746'원입니다.

마찬가지로 다음분기를 조회합니다.

❶ 조회년도와 분기를 설정합니다.

❷ [조회하기]를 누릅니다.

❸ 해당 기간 현금영수증 '총금액'을 확인할 수 있습니다. 23,123,391원입니다. 두
분기 합계금액은 22,577,746 + 23,123,391 = 45,701,137원이 됩니다.

여기서, 정말 중요한 부분을 짚고 넘어가겠습니다. 앞서 신용카드 매출금액의 집계를 했던 것과 마찬가지로 배달의민족과 요기요의 사장님 페이지에서 현금영수증 매출금액을 확인해야 합니다. 그런데 신용카드 매출금액과 달리 현금영수증 매출금액은 홈택스에 그대로 반영이 된다는 사실을 꼭 기억해야 합니다. 그래서 추가하지 않아도 됩니다.

많은 사장님들이 이 부분을 헷갈려하고 심지어 어떤 분은 합산해서 매출로 기록하기도 합니다. 그러면 어떻게 될까요? 당연히 더한 만큼 납부할 부가가치세가 높아지겠죠. 많은 사장님들이 헷갈리는 이유는 홈택스 현금영수증 매출금액과 배달의민족 사장님광장에 집계된 현금영수증 매출금액이 상이하기 때문입니다.

배달의민족 사이트에서 확인할 수 있는 금액은 다음과 같이 45,448,028원으로 홈택스 현금영수증 매출금액보다 253,109원이 적은 것을 확인할 수 있습니다. 이렇게 금액 차이가 나는 이유는 현장 결제하는 과정에서 현금영수증 발급을 한 경우가 있기 때문입니다. 그 금액은 배달의민족 사이트에 집계되지 않고 홈택스에만 집계되기 때문에 이런 금액 차이가 발생합니다.

매출	인쇄 🖨	상세내역 다운로드 ⬇	이메일 보내기 ✉
매출구분	매출	부가세	합계
기타매출	13,378,289	1,337,958	14,716,247
카드매출	138,816,448	13,882,277	152,698,725
현금매출	41,316,254	4,131,774	45,448,028
배민만나서결제 카드	16,239,501	1,623,999	17,863,500
배민만나서결제 현금	3,929,076	392,924	4,322,000

이제 '신용카드 매출전표등 발행금액집계표' 화면으로 돌아갑니다.

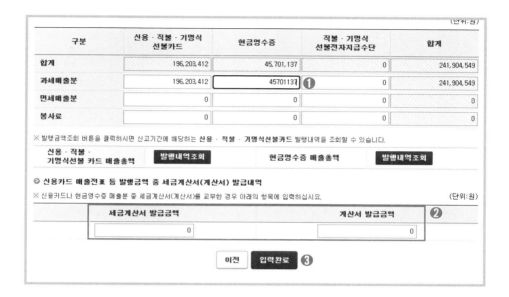

❶ 위 그림과 같이 '45,701,137'원을 입력합니다. 세금계산서 혹은 계산서발급 후 결제 수단으로 신용카드 매출전표 또는 현금영수증 등을 발행한 것이 있다면, 앞서 언급한 것처럼 중복으로 매출액이 계산되지 않도록 해야 합니다. 중복된 금액의 10%만큼 납부할 부가가치세가 늘기 때문입니다. 그런 일이 있어선 안 되겠죠?

❷ 세금계산서 발급금액 항목과 계산서 발급금액 항목에 금액을 기록합니다. 해당 사항이 없으면 작성하지 않아도 됩니다.

❸ 작성을 완료했으면 [입력완료]를 클릭해서 기타매출분 화면으로 돌아갑니다.

04 기타매출분

신용카드와 현금영수증을 제외하고 세금계산서를 발행하지 않은 기타매출은 배민사장님광장과 요기요 사장님 사이트에서 확인하고 입력하면 됩니다. '배민사장님광장 〉 셀프서비스 〉 부가세신고내역'으로 들어가 해당 기간으로 설정하고 조회하면 다음과 같이 내역을 볼 수 있습니다.

2020년	∨	상반기	**하반기**	1분기	2분기	3분기	4분기

2020. 07. 01. ~ 2020. 12. 31.	📅	조회

· 전월 매입자료는 당월 D+5(영업일 기준)일 이내 확인 가능합니다.
· 부가세 신고자료는 최대 6개월까지 조회 가능합니다. 청산 내역이 많은 경우 데이터 조회 시간이 오래 걸릴 수 있습니다.
· 2020년 1월 1일부터 만나서결제 매출내역이 추가 제공됩니다.

매출

인쇄 🖨 상세내역 다운로드 ⬇ 이메일 보내기 ✉

매출구분	매출	부가세	합계
기타매출	13,378,289	1,337,958	14,716,247
카드매출	138,816,448	13,882,277	152,698,725
현금매출	41,316,254	4,131,774	45,448,028

기타매출의 매출 13,378,289원과 부가세 1,337,958원을 확인합니다. 이제 '요기요 사장님 사이트 > 매출관리 > 부가가치세 신고자료'로 들어갑니다.

조회기간		월	건수	주문금액		
년도	분기			온라인 신용카드	온라인 휴대폰결제	온라인 기타
2020년도	3분기	07월	294건	3,804,097	223,200	1,511,103
2020년도	3분기	08월	276건	3,213,785	49,050	1,706,015
2020년도	3분기	09월	263건	3,108,652	113,150	1,835,888
2020년도	4분기	10월	242건	2,533,762	90,250	1,888,048
2020년도	4분기	11월	229건	2,927,100	87,870	1,326,230
2020년도	4분기	12월	249건	3,140,291	275,070	1,623,819
합계			1,553건	18,727,687	838,590	9,891,103

'온라인 휴대폰결제'와 '온라인 기타' 금액의 합계를 확인합니다. 838,590원과 9,891,103원은 세액이 포함된 금액입니다. 합계금액은 10,729,693원이고 매출액 9,754,266원과 세액 975,427원으로 나눌 수 있습니다.

배민사장님광장과 요기요 사장님 사이트의 자료에서 확인할 수 있는 기타(정규영수증 외 매출분) 금액은 23,132,555원과 세액 2,313,385입니다. 매출금액은 25,445,940원입니다. 이제 이 금액을 '기타매출분' 화면에서 입력해 주면 됩니다.

다만, 이때 배민사장님광장과 요기요 사장님 사이트에서 확인한 합계 금액에 현금매출분을 합산해서 신고해 줍니다.

● 기타매출분

• 세금계산서를 발행하지 않은 매출금액을 입력하는 화면입니다.
• 과세분과 영세율 적용분을 구분하여 입력하십시오.

부동산임대공급가액 명세서	작성하기	금액	0
현금매출명세서	작성하기	금액	0

부동산임대공급가액명세서에서 작성한 보증금이자 합계 [0] 원을
기타(정규영수증 외 매출분) 금액에 포함하여 입력하시기 바랍니다.

◉ 과세분   (단위:원)
※ 예정신고 누락분 금액은 제외하고 입력하십시오.

(3)신용카드 · 현금영수증 발행분 금액	219,913,226	세액(10/100)	21,991,323
(4)기타(정규영수증 외 매출분) 금액	23,588,127	세액(10/100)	2,358,812

※ 아래 [신용카드매출전표등 발행금액집계표, 전자화폐결제명세서]를 작성하시면 신용카드 현금영수증 발행분 금액, 세액이 자동으로 입력됩니다.
                                                               (단위:원)

신용카드매출금액등 발행금액집계표	작성하기	금액	241,904,549
전자화폐결제명세서	작성하기	금액	0

◉ 영세율분   (단위:원)
※ 신용카드나 현금영수증 발행분 금액 또는 기타(정규영수증 외 매출분) 금액 중 영세율 매출이 있는 경우 기재하십시오.
  예정신고 누락분 금액은 제외하고 입력하십시오.

(6)영세율 기타 매출분 금액	0	세액(0/100)	

이전   입력완료 ❷

❶ 현금매출 501,000원(매출액 454,545원, 세액 45,545원)을 더한 25,946,940원을
   매출액 23,588,127원과 세액 2,358,813원으로 나눠서 입력했습니다. 사장님이
   스스로 결정할 수 있는 문제입니다. 각자의 상황에 맞게 정리하시기 바랍니다.

❷ [입력완료]를 클릭하면 다음 화면(과세표준 및 매출세액)으로 넘어갑니다.

05 과세표준명세

이제 과세표준명세 항목을 작성해 보도록 하겠습니다.

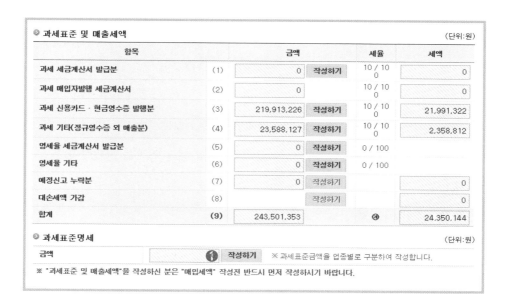

❶ [작성하기]를 클릭하면 다음 화면이 보입니다.

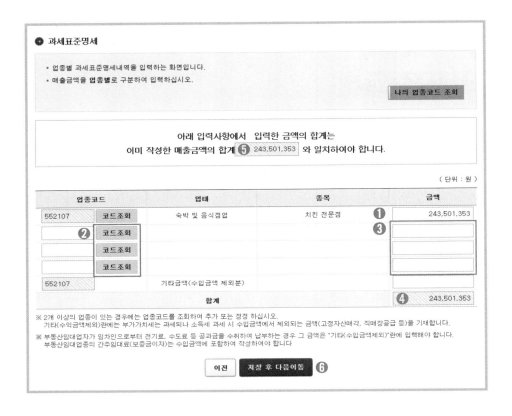

❶ 업종이 하나라면, 이미 작성한 매출금액의 합계를 입력하면 됩니다.

❷ 여러 업종을 운영하고 있다면 [코드조회]를 눌러 해당 업종을 선택합니다.

❸ 업종별로 매출액을 입력합니다.

❹ 최종 합계를 확인합니다.

❺ 이미 작성한 매출금액이 최종 합계와 일치하는지 확인합니다.

❻ [저장 후 다음 이동]을 클릭하여 과세표준 신고서 화면으로 돌아갑니다.

여기까지가 부가가치세의 큰 흐름 중 하나인 매출신고 내용입니다. 매출신고는 크게 세금계산서, 신용카드, 현금영수증, 현금매출로 구성되며 해당 과세기간 동안 번 돈을 잘 확인해서 입력해야 합니다. 세금계산서, 신용카드, 현금영수증을 발급한 매출금액을 누락할 경우 세무조사(소명요청)를 받게 되며 수정신고와 함께 가산세를 납부해야 합니다. 통상 실수로 누락하게 되는데 대부분 '0'을 하나 빼는 실수를 합니다. 예를 들어 매출금액이 1억 원인데 1,000만 원만 신고하는 경우입니다. 그런 일이 생기지 않도록 각별히 유의해야 합니다. 다음 장에서는 이제 가장 중요한 매입자료 입력을 해보겠습니다.

4장

일반과세자의
홈택스 매입신고

거듭 말씀드리지만 매입신고가 절세의 핵심이라 해도 과언이 아닙니다. 지금 신고를 제대로 하기 위해서는 지난 과세기간 동안 올바른 매입을 통해 매입자료를 잘 챙겨 두시는 것이 정말 중요합니다.

이번 장에서는 해당 과세 기간 동안 사업장의 운영에 필요한 물품과 재료 등을 구매하면서 거래처로부터 발급받은 전자(세금)계산서, 종이(세금)계산서, 신용카드 매출전표, 현금영수증 등의 자료를 조회 또는 확인하고 기입하는 방법을 알아보려 합니다. 이 내역들이 누락되는 만큼 납부할 세금으로 돌아옵니다. 누락했다고 해서 누가 챙겨주는 것도 아닙니다. 사업자 본인이 스스로 챙겨야 합니다. 백원 한 푼도 빠트리지 않으시기 바랍니다.

본인의 업종에 해당되는 입력서식에만 체크하고 입력하면 됩니다. 해당 내용들은 앞의 3장에서 설명한 내용을 참고해 주세요. '과세표준 및 매출세액'과 '과세표준명세' 항목에서 스크롤을 내리면 '매입세액' 항목이 보입니다. 그러면 매입세액 신고는 어떻게 하는지 자세히 알아볼까요?

01

세금계산서수취분
일반매입

이 부분은 운영에 필요한 물품을 구입할 때 거래처에서 발급해 준 전자 또는 종이 세금계산서 자료를 조회하고 작성하는 부분입니다.

항목		금액		세율	세액
세금계산서수취분 일반매입	(10)	0	작성하기		0
세금계산서수취분 수출기업 수입 납부유예	(10-1)		작성하기		
세금계산서수취분 고정자산 매입	(11)	0	작성하기		0
예정신고 누락분	(12)	0	작성하기		0
매입자발행 세금계산서	(13)	0	작성하기		0
그 밖의 공제매입세액 (신용카드 매입, 의제매입세액공제 등)	(14)	0	작성하기		0
합계 (10)-(10-1)+(11)+(12)+(13)+(14)	(15)	0			0
공제받지 못할 매입세액	(16)	0	작성하기		0
차감계 (15) - (16)	(17)	0		ⓑ	0
납부(환급)세액 (매출세액 ㉮ - 매입세액 ⓑ)				㉰	0

위 화면의 [작성하기]를 클릭하면 다음의 화면이 나타납니다.

구분	매입처수	매수	과세구분	공급가액(원)	세액(원)
사업자등록번호 발급분			과세분		
			영세율분		
주민등록번호 발급분			과세분		
			영세율분		
소계			과세분		
			영세율분		

[전자세금계산서 불러오기]를 클릭하면 다음 화면과 같이 전자세금계산서 자료가
자동으로 입력됩니다.

구분	매입처수	매수	과세구분	공급가액(원)	세액(원)
사업자등록번호 발급분	15	105	과세분	50,170,198	5,012,983
			영세율분	0	
주민등록번호 발급분	0	0	과세분	0	0
			영세율분	0	
소계	15	105	과세분	50,170,198	5,012,983
			영세율분	0	

이렇게 수월하게 확인이 가능하기 때문에 종이계산서보다는 전자세금계산서를
발급받는 것이 편합니다. 스크롤을 내려 다음과 같은 화면에서 종이세금계산서와
전송기간 마감일이 지난 전자세금계산서 발급분 등을 입력합니다.

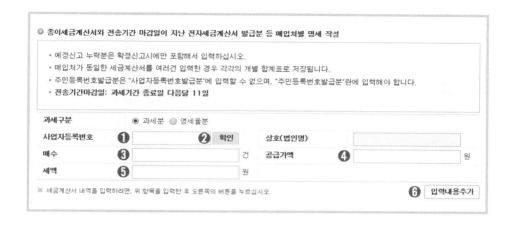

❶ 사업자등록번호를 입력합니다.

❷ [확인]을 클릭하면, 상호(법인명)가 자동으로 채워집니다.

❸ 상호(법인명)를 확인한 후 세부 사항인 매수 건수를 입력합니다.

❹ 공급가액을 입력합니다.

❺ 세액을 입력합니다.

❻ [입력내용추가]를 클릭하면 다음과 같이 아래에 명세가 입력됩니다.

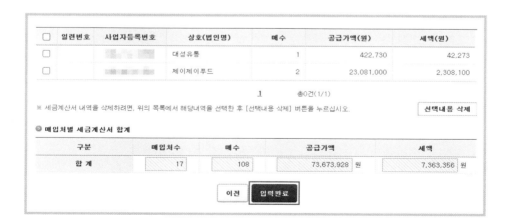

종이세금계산서는 이렇게 한 장씩 입력하고 동일한 거래처라면 매수와 합계를 입력하면 됩니다. 입력이 끝나면 [입력완료]를 클릭하여 과세표준 신고서 화면으로 돌아갑니다.

02
그 밖의 공제매입세액, 현금영수증·신용카드 매입

이제 '그 밖의 공제매입세액'을 작성해 보도록 하겠습니다. '그 밖의 공제매입세액'이라 되어 있어 부수적인 느낌을 주지만 세금계산서를 제외한 모든 자료를 여기서 정리해야 합니다. 가장 먼저 신용카드와 현금영수증을 발급받고 매입한 자료를 조회하고 입력합니다.

⊘ **매입세액**   (단위:원)

항목		금액		세율	세액
세금계산서수취분 일반매입	(10)	73,673,928	작성하기		7,363,356
세금계산서수취분 수출기업 수입 납부유예	(10-1)		작성하기		0
세금계산서수취분 고정자산 매입	(11)	0	작성하기		0
예정신고 누락분	(12)	0	작성하기		0
매입자발행 세금계산서	(13)	0	작성하기		0
그 밖의 공제매입세액 (신용카드 매입, 의제매입세액공제 등)	(14)	0	작성하기		0
합계 (10)-(10-1)+(11)+(12)+(13)+(14)	(15)	73,673,928			7,363,356
공제받지 못할 매입세액	(16)	0	작성하기		0
차감계 (15) - (16)	(17)	73,673,928		⑪	7,363,356

먼저 현금영수증 매입내역부터 작성해 보겠습니다. 매입세액 화면에서 '그 밖의 공제매입세액'의 [작성하기]를 클릭하면 다음의 화면이 나옵니다.

현금영수증 매입내역 작성하기

● 그 밖의 공제매입세액 명세

- 그 밖의 공제매입세액을 항목별로 구분하여 입력하는 화면입니다.

(단위:원)

구분		금액	세액
신용카드매출전표등 수령명세서 제출분 일반매입	작성하기	0	0
신용카드매출전표등 수령명세서 제출분 고정자산매입	작성하기	0	0
의제매입세액	작성하기	0	0
재활용폐자원등 매입세액	작성하기	0	0
과세사업전환 매입세액	작성하기		0
재고매입세액			0
변제대손세액	작성하기		0
외국인 관광객에 대한 환급세액			0
합계		0	0

※ 간이과세자로서 당기에 일반과세자로 변경된 사업자가 그 변경되는 날 현재의 재고품 및 감가상각자산에 대하여 매입세액을 공제받고자 하는 경우에 재고매입세액을 "재고매입세액" 항목에 입력합니다.
※ 예정신고누락분 재고매입세액은 포함하지 말고 입력해야 합니다.
※ 일반과세자로 전환 시 재고품 및 감가상각자산 재고매입세액은 My NTS 신고내용조회에서 확인하시기 바랍니다.

이전 입력완료

'신용카드매출전표등 수령명세서 제출분 일반매입'을 입력하기 위해 [작성하기]를 클릭하여 다음 화면으로 넘어갑니다.

합계			(단위:원)
구분	거래건수	공급가액	세액
합계			
현금영수증 [조회하기]			
화물운전자복지카드 [조회하기]			
사업용신용카드 [조회하기]			
그 밖의 신용카드 등			

※ 위 합계 금액중 면세분매입금액, 면세사용금액이 있는 경우 아래 입력란에 입력하시기바랍니다.

(단위:원)

구분	공급가액	세액
면세분 일반매입		
면세분 고정자산매입		
공통매입세액 중 면세사용금액 일반매입		
공통매입세액 중 면세사용금액 고정자산매입		

[조회하기]를 클릭해 바로 조회할 수도 있지만, 이 경우 창이 바뀌면서 조회되어 다시 처음부터 신고 절차를 진행해야 합니다. 그에 따라 현금영수증 매입세액은 신고 전에 미리 조회하여 거래건수, 공급가액, 세액을 미리 기록해 두시길 바랍니다.

그러면 신고 전에 미리 현금영수증 매입세액을 조회하는 방법을 알려드리도록 하겠습니다. 홈택스 메인화면에서 '조회/발급 〉 현금영수증 〉 매입세액 공제금액 조회'으로 들어갑니다.

그러면 다음과 같은 화면이 보입니다. 앞서 설명했던 것처럼 미리 현금영수증 공제/불공제를 선택하고 변경하는 작업이 선행되어 있어야 합니다.

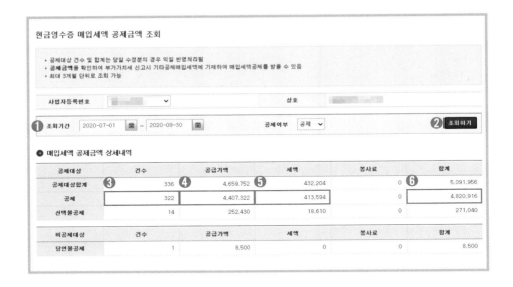

❶ '조회기간'을 설정합니다. 현금영수증 공제금액은 최대 3개월 단위로 조회가
　가능합니다. 우선 3분기인 7월~9월로 조회해 보겠습니다.

❷ [조회하기]를 클릭합니다.

❸ 해당 기간의 '건수'를 확인합니다.

❹ '공급가액'을 확인합니다.

❺ '세액'을 확인합니다.

❻ '합계'를 확인합니다

그다음에는 4분기 내역을 조회해 보겠습니다.

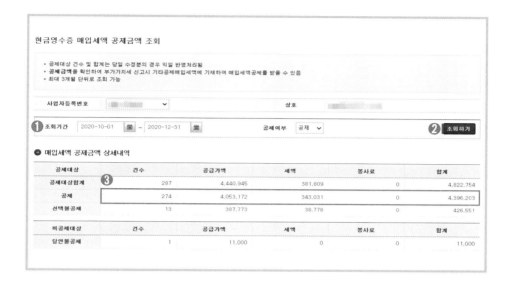

❶ '조회기간'을 4분기인 10월~12월로 설정합니다.

❷ [조회하기]를 클릭합니다.

❸ 해당 기간의 '건수', '공급가액', '세액', '합계'를 확인합니다.

'신용카드매출전표등 수령명세서 제출분 일반매입' 화면으로 돌아갑니다. 신고 중간에 조회하게 되면 번거롭겠죠? 꼭 미리 조회한 후 기록해 두시라고 한 번 더 말씀드립니다. 현금영수증 매입자료 입력 항목의 합계를 정리하여 입력합니다.

> **건수** 322 + 274 = 596 건
> **공급가액** 4,407,322 + 4,053,172 = 8,460,494원
> **세액** 413,594 + 343,031 = 756,625원

합계				(단위:원)
구분		거래건수	공급가액	세액
합계		❶ 596	❷ 8,460,494	❸ 846,049
현금영수증	조회하기	596	8,460,494	846049
화물운전자복지카드	조회하기			
사업용신용카드	조회하기			
그 밖의 신용카드 등				

❶ 해당 건수와 ❷ 공급가액을 입력하면 자동으로 ❸ 세액이 입력됩니다. 하지만 앞서 조회한 것과 같이 세액이 정확히 공급가액의 10%가 아니기 때문에 다음과 같이 수정해서 입력해야 합니다.

합계				(단위:원)
구분		거래건수	공급가액	세액
합계		596	8,460,494	756,625
현금영수증	조회하기	596	8,460,494	756625
화물운전자복지카드	조회하기			
사업용신용카드	조회하기			
그 밖의 신용카드 등				

현금영수증을 발급받아 거래한 건수와 공급가액의 10%를 매입세액으로 공제 받는 것이 아니라 결정된 세액만큼만 공제된다는 것을 알 수 있습니다. 그럼 846,049원과 756,625원의 차액인 89,424원은 어떻게 된 걸까요? 그 금액은 면세 사업자나 간이과세사업자로부터 현금영수증을 발급받아 매입한 경우에 해당할 수 있습니다.

　매출규모에 비해 큰 의미가 없는 금액일 수도 있지만 아는 것과 모르는 것은 또 다른 차이를 만들어 냅니다. 부가가치세 신고 시 어떻게 공제를 받을 수 있을 것인지, 안 된다면 종합소득세 신고 시에 어떻게 처리하면 좋을지 알아야 합니다.

사업용신용카드 매입세액 공제금액 작성하기

다음으로 사업용신용카드 매입세액 공제금액 조회를 해봅시다. 이 부분 역시 신고 전에 미리 조회하고 거래건수와 공급가액과 세액을 입력만 하면 됩니다. 신고 전에 미리 조회해서 집계를 해 놓으면 신고서 작성 시 흐름이 끊기지 않아 빨리 끝낼 수 있습니다. 하지만 미리 준비해 놓지 않은 경우를 대비해 조회하는 방법을 알려드리도록 하겠습니다. 메인화면에서 '조회/발급 〉 사업용신용카드 〉 매입세액 공제금액 조회'로 들어갑니다. 설명해드린 경로로 들어가면 다음과 같은 화면이 뜹니다.

❶ '조회기간'을 설정합니다.

❷ '공제'를 선택합니다.

❸ [조회하기]를 클릭합니다.

❹ 해당 기간의 '건수', '공급가액', '세액'을 확인합니다. 이 부분의 세액을 부가가
  치세 신고를 통해 공제받을 수 있습니다.

그 아래 불공제대상은 의미 없어요. 공제해 주지 않는다는 뜻이니까요. 앞서 공제
여부 선택/변경에서 정리하고 넘어왔기 때문에 신경 안 써도 됩니다. 여기서 주의
할 점은 다음 그림에서 확인하겠습니다.

'신용카드매출전표등 수령명세서 제출분 일반매입' 화면으로 돌아갑니다.

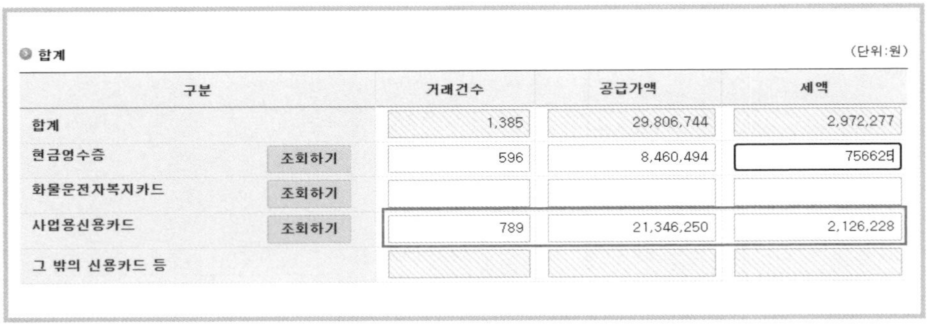

합계		거래건수	공급가액	세액 (단위:원)
합계		1,385	29,806,744	2,972,277
현금영수증	조회하기	596	8,460,494	75662원
화물운전자복지카드	조회하기			
사업용신용카드	조회하기	789	21,346,250	2,126,228
그 밖의 신용카드 등				

거래건수와 공급가액과 세액을 차례로 입력해 줍니다.

스크롤을 내리면 다음과 같은 화면이 나옵니다. 사업용신용카드를 홈택스에 등록
하지 않은 경우 카드사별로 정리해서 입력해야 하는 부분입니다.

❶ '카드회원번호'를 입력합니다.

❷ '공급자(가맹점)사업자등록번호', 즉 거래처 사업자등록번호를 입력합니다.

❸ '거래건수'를 입력합니다.

❹ '공급가액'을 입력합니다.

❺ '세액'을 입력합니다.

❻ [입력내용추가]를 클릭해 추가를 완료합니다.

다만, 이러한 거래 건수가 수십 건에서 수백 건일 수도 있습니다. 만약 매입세액 공제를 받지 않고 고스란히 세금을 납부할 생각이라면 안 해도 됩니다만 그럴 수는 없기 때문에 엄청난 시간과 노력을 투자해서 번거로운 단순노동을 해야 합니다. 그리고 실수도 할 수 있겠죠. 0을 하나 뺀다든가 더한다든가 하는 실수를 하게 되면 고스란히 돈으로 연결됩니다.

이렇게 번거로운 일을 겪지 않으려면 사업용신용카드를 등록해서 사용하는 것이 좋겠죠? 그리고 사업용 신용카드는 금융권에서 판매하는 일명 '사업자카드' 말고 사업자 본인 명의의 신용카드나 체크카드를 사업과 관련된 지출에만 사용할 목적으로 딱 한 장만 등록하시는 것이 제일 편합니다. 앞서 설명해드린 내용입니다만 한 번 더 숙지하시면 좋겠네요. 스크롤을 내려 다음 화면으로 이동합니다.

합계				(단위:원)
구분		거래건수	공급가액	세액
합계		596	8,460,494	756,625
현금영수증	조회하기	596	8,460,494	75662탑
화물운전자복지카드	조회하기			
사업용신용카드	조회하기			
그 밖의 신용카드 등				

※ 위 합계 금액중 면세분매입금액, 면세사용금액이 있는 경우 아래 입력란에 입력하시기바랍니다. (단위:원)

구분	공급가액	세액 ❶
면세분 일반매입		
면세분 고정자산매입		
공통매입세액 중 면세사용금액 일반매입		
공통매입세액 중 면세사용금액 고정자산매입		

이전 입력완료 ❷

❶ 신용카드 등으로 매입했지만, 면세사업에 사용된 경우에는 부가가치세 매입세액 공제가 불가합니다. 따라서 면세사업에 사용된 일반매입, 고정자산매입과 면세사업은 매입세액 공제를 받지 않도록 유의해야 합니다. 만약 면세사업과 과세사업에 공통으로 사용되었다면 면세사업에 사용되었다고 인정되는 금액

을 매입공제 세액 공제에서 빼야 합니다. 과세사업과 면세사업에 사용한 것이 명확히 구별되는 경우에는 쉽지만 그렇지 않은 경우도 있습니다. 이때는 공통 매입 세액을 안분하여 계산합니다. 불공제매입 세액의 계산식은 "불공제 매입 세액=공통매입세액*(면세공급가액)/(총매출액)"입니다. 단, 면세공급가액이 매출액의 5%미만이고, 공통매입세액이 500만원 미만인 조건을 충족하면 전액공제합니다.

❷ 입력이 끝났으면 [입력완료]를 클릭하여 '그 밖의 공제매입세액 명세' 화면으로 돌아갑니다.

03
그 밖의 공제매입세액 명세, 의제매입세액 공제

부가가치세 과세사업자가 면세물품을 구입할 때 일정한 조건을 충족하는 경우 부가가치세(10%)에 준하는(약 4~8% 내외) 상당액을 공제해 주는 것을 의제매입세액 공제라고 합니다.

의제매입세액 공제를 받을 수 있는 업종과 범위는 상당히 제한적입니다. 최종 소비자를 대상으로 운영하는 제조업과 음식업종에서 1차 농수축산물을 가공하여 재판매하는 경우에 국한되므로 다른 업종은 별 의미가 없습니다.

예를 들어 식당을 운영하는 경우 음식 재료에 들어가는 면세 농산물에 일정 비율을 곱한 금액으로 매입세액 공제를 받을 수 있습니다. 구입 농산물 계산서의 가액이 500만 원이라면 이 금액에 9/109를 곱한 금액인 41만 2,844원을 매입세액으로 공제받을 수 있습니다.

뒤에서 구체적인 조건과 공제율 등을 어디서 어떻게 적용하는지 알아보겠습니다. 면세사업자로부터 전자계산서나 종이계산서를 발급받아 구입한 내용이 있다면 다음 화면인 '그 밖의 공제매입세액 명세' 메뉴에서 같이 따라해 보면 됩니다.

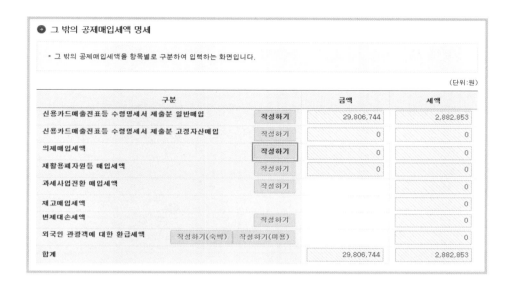

'의제매입세액' 공제 항목의 우측에 있는 [작성하기]를 클릭하면 다음의 화면이
나옵니다.

크게 두 단계를 거치는데요. 첫 번째 ❶ '농·어민등으로부터 매입분에 대한 명세'
와 두 번째 ❷ '면세농수산물등 매입가액 합계'로 나눌 수 있습니다.

농어민에게 직접 매입한 물품과 사업자에게 매입한 농산물은 의제매입세액공
제를 제공받을 수 있습니다. 사업자가 아닌 개인에게 직접 매입한 경우 다음과 같
이 입력하면 됩니다.

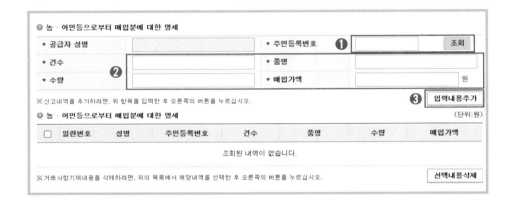

❶ 공급자의 주민등록번호를 입력하고 [조회]를 클릭하면 공급자 성명을 확인할
수 있습니다.
❷ 건수, 품명, 수량, 매입가액을 순서대로 입력합니다.
❸ [입력내용추가]를 클릭하면 명세 작성이 완료됩니다.

그다음에는 스크롤을 내려 '면세농수산물등 매입가격 합계'를 입력합니다.

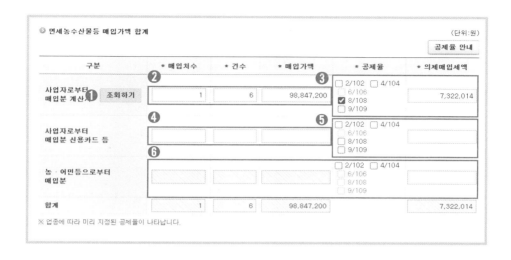

❶ 사업자에게 받은 전자계산서가 있다면 [조회하기]를 클릭합니다. 그러면 다음
과 같은 화면이 나옵니다.

확인한 후 닫힘 버튼을 눌러 다시 입력 화면으로 돌아가 입력합니다.

❷ 전자계산서 외에 종이계산서 및 신용카드 건의 매입처수, 건수, 매입가액도 합하여 입력해야 합니다. 이런 내용은 거래가 발생한 즉시 장부에 기재해 놓지 않으면 신고기간에 누락하기 쉽습니다. 부가가치세의 세액공제는 누락된 금액만큼 납부할 세금으로 돌아온다는 사실을 알고 철저히 챙겨야 합니다.

❸ 자신의 매출규모에 맞는 공제율을 선택하면 의제매입세액은 자동으로 계산됩니다.

❹ 신용카드 매입 당연불공제 항목에 해당하는 면세사업자로부터 구입한 매입처와 건수, 금액 등을 누계한 것입니다.

❺ 자신의 매출규모에 맞는 공제율을 선택하면 의제매입세액은 자동으로 계산됩니다.

❻ '농·어민으로부터 매입분'은 앞서 '농·어민등으로부터 매입분에 대한 명세' 항목에서 입력하여 추가했기 때문에 자동으로 적용되어 있습니다.

해당 사례는 공제율 때문에 농어민으로부터 매입한 것이 없습니다. 왜냐하면 보시다시피, 농어민 등의 개인에게 매입하면 사업자로부터 매입했을 때의 절반도 채 공제받지 못하기 때문입니다. 이처럼 농·어민 등의 개인으로부터 구입할 경우 사업자에 비해 싸게 살 수 있는 이점이 있는 반면 의제매입세액공제율은 낮습니다. 어떤 경우가 더 유리한지 얼마나 싸게 사는 것이 의제매입세액공제율의 차이를 극복할 수 있는지 계산해 봐야 합니다.

앞쪽에서 언급했던 매입세액 공제 불공제 선택/변경으로 돌아가 보면, 홈택스에 등록해 놓은 사업용신용카드 매입자료 중에 면세사업자로부터 구입한 항목은 세액이 0원으로 신용카드 매입세액 공제를 받지 못했음을 알 수 있습니다. 그 부분을 ❹ 처럼 의제매입세액 공제 부분에서 공제받을 수 있습니다.

입력을 끝내고 스크롤을 내리면 다음처럼 '과세 기간 과세표준 및 공제 가능한 금액 화면'이 나타납니다.

❶ 과세표준 금액을 입력합니다. 과세표준은 앞서 확정된 금액을 입력하면 됩니다.

❷ '대상액 한도계산'은 아래의 한도율에 따라 음식업자의 경우, 과세표준합계가 2억 초과이면 자동으로 50%로 자동계산되어 의제매입세액 한도액을 산정해 줍니다.

❸ 당기 매입액을 입력합니다. 앞서 입력한 '면세 농산물등 매입가액 합계'를 입력 하면 됩니다. 사업자별 한도율에 따른 한도액과 당기 매입액과 비교해 적은 금액이 공제 대상금액이 됩니다.

TIP

한도율의 의미는 사업자의 매출규모에 따라 한도액만큼 면세 농산물의 매입액을 의제매입세액으로 공제해 주겠다는 뜻입니다. 더 상세히 설명하면, 부가가치세 과세표준은 해당 과세기간 동안의 매출로, 그 매출의 45~65%까지 면세사업자나 농어민에게 재료비를 지출할 경우 의제매입세액 공제를 해 주겠다는 뜻입니다. 어떤 음식점도 매출의 45~65%까지 재료비를 지출할 일이 없다고 보면 음식업자의 경우 면세 농산물 등 매입가액 전액이 의제매입세액 공제 대상이라고 할 수 있습니다.

스크롤을 내려 '과세기간 공제할 세액' 항목으로 이동합니다.

❶ 본인의 업종에 맞는 '공제율'을 선택합니다.

❷ 공제대상세액 칸에는 앞서 입력한 '면세농산물등 매입가액 합계'에서 자동계산
  (98,847,200 × 8/108 = 7,322,014)된 의제매입세액을 입력합니다.

❸ 예정신고(조기환급신고)를 해서 공제받은 세액이 있다면, 그 금액을 입력합니다. 그러면 이번 신고 시 공제할 세액이 결정됩니다.

❹ 입력 후 [입력완료]를 클릭하면 '그 밖의 공제매입세액 명세' 화면이 다시 나옵니다.

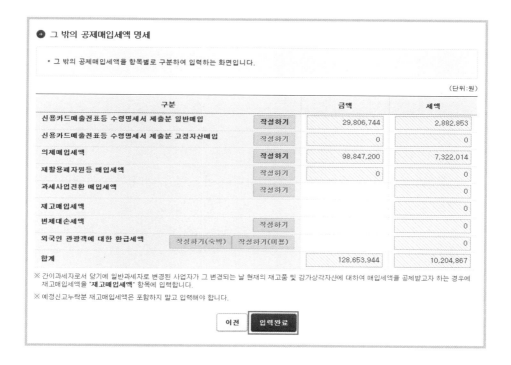

위 화면에서 더 이상 공제 항목이 없다면 아래 [입력완료]를 클릭하여 입력을 완료합니다. 다시 매입세액 화면으로 돌아갑니다.

◎ 매입세액

(단위:원)

항목		금액		세율	세액
세금계산서수취분 일반매입	(10)	73,673,928	작성하기		7,363,356
세금계산서수취분 수출기업 수입 납부유예	(10-1)		작성하기		0
세금계산서수취분 고정자산 매입	(11)	0	작성하기		0
예정신고 누락분	(12)	0	작성하기		0
매입자발행 세금계산서	(13)	0	작성하기		0
그 밖의 공제매입세액 (신용카드 매입, 의제매입세액공제 등)	(14)	128,653,944	작성하기		10,204,867
합계 (10)-(10-1)+(11)+(12)+(13)+(14)	(15)	202,327,872			17,568,223
공제받지 못할 매입세액	(16)	0	작성하기		0
차감계 (15) - (16)	(17)	202,327,872		④	17,568,223
납부(환급)세액 (매출세액 ② - 매입세액 ④)				④	6,781,911

납부(환급)세액을 확인합니다. 해당 사례의 경우 6,781,911원으로 산출되었습니다. 매입세액 항목이 다 채워졌는지 확인합니다. 스크롤을 내려 바로 아래의 '경감공제세액'으로 넘어갑니다.

경감·공제세액

전자신고 세액공제

앞 단계에서 스크롤을 내리면 다음과 같이 '경감·공제세액'을 입력하는 화면이 나옵니다.

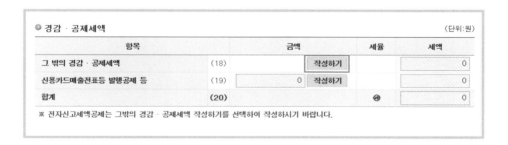

'경감·공제세액'에는 '그 밖의 경감·공제세액'과 '신용카드매출전표등 발행공제' 이렇게 크게 2가지 항목이 있습니다. 먼저 '그 밖의 경감·공제세액' 항목부터 작성해 보도록 하겠습니다. 해당 항목의 [작성하기]를 클릭하면 다음과 같은 화면이 나옵니다.

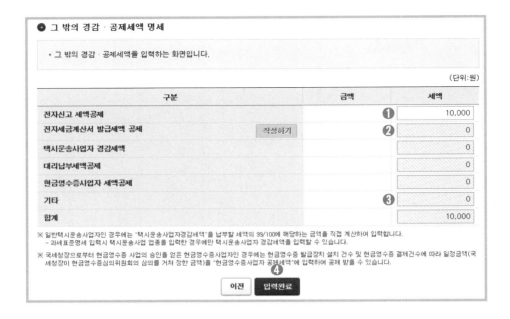

❶ '전자신고 세액공제'는 홈택스를 통해 부가가치세 확정신고를 하는 경우에 적용되며 1만 원의 세액이 공제됩니다.

❷ '전자세금계산서 발급세액 공제'는 2015년 12월 31일까지만 적용되었기 때문에 현재는 공제받을 수 없습니다.

❸ '기타' 세액공제는 해당되는 사항이 있는 사업자에 한해 신청할 수 있으므로 법적 요건을 확인하여 신청합니다.

❹ 세액공제 금액 입력을 마쳤으면 [입력완료]를 클릭해 '경감·공제세액' 화면으로 돌아갑니다.

신용카드매출전표등 발행공제 등

매출액 10억 미만 및 음식점업, 숙박업 등 일정 요건을 충족하는 경우에 한해 세액공제를 받을 수 있는 항목입니다.

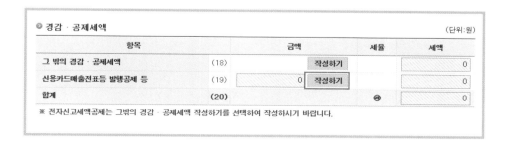

이에 해당하는 경우에 '신용카드매출전표등 발행공제 등'의 항목의 [작성하기]를 클릭하면 '신용카드 매출전표등 발행금액집계표' 화면이 나옵니다.

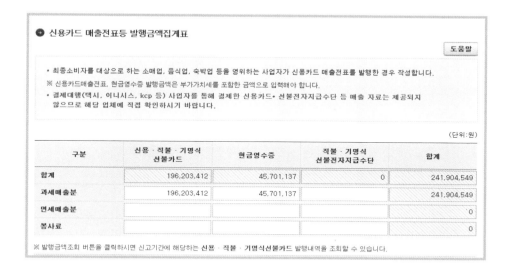

이미 앞에서 입력했으므로 추가적으로 입력할 필요는 없습니다. 스크롤을 내려

'신용카드매출전표 등 발행공제 등'의 화면으로 넘어갑니다.

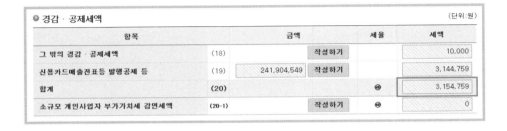

● 신용카드매출전표 등 발행공제 등

• 신용카드매출 등에 대한 공제세액을 입력하는 화면입니다.

신용카드, 현금영수증 매출금액	작성하기	241,904,549 원
전자화폐 매출금액	작성하기	0 원

※ 신용카드매출전표등 발행금액 집계표, 전자화폐결제명세서를 작성하면 공제금액에 자동 반영되며 금액을 수정할 수 있습니다.

공제금액		241,904,549 원
공제세액	❶	3,144,759 원
기공제세액		0 원

※ "신용카드매출전표등 발행공제" 가능한 사업자와 업종
  1. 법인납세자 : 공제 불가능
  2. 개인납세자 중 간이과세자 : 모든 업종 적용 가능
  3. 개인납세자 중 일반과세자 : 최종 소비자와 거래하는 영수증 발행대상에 해당하는 업종만 적용 가능
     [단, 직전연도 공급가액(부가가치세 과세표준)이 10억원 초과하는 사업장은 적용 불가능]
※ 공제세액은 신용카드매출전표등 발행금액(공제금액)의 1.3%이며, 공제한도는 납부한 세액 범위 안에서 연간 1000만원입니다.
※ 신용카드매출전표등발행세액공제는 납부할세액을 한도로 공제되므로 매출·매입을 모두 입력한 후 작성하여야 정확한 계산이 가능합니다.

[이전] [입력완료] ❷

❶ 이 부분이 정말 중요합니다. 앞서 산출된 납부 세액 중 신용카드와 현금영수증 매출분의 1.3% 금액만큼, 즉 3,144,759원만큼 세액공제를 해준다는 뜻입니다. 해당 금액을 입력합니다. 연간 공제한도는 1000만 원입니다.

❷ [입력완료] 버튼을 눌러 '경감·공제세액' 화면으로 돌아갑니다.

● 경감 · 공제세액 (단위:원)

항목		금액		세율	세액
그 밖의 경감 · 공제세액	(18)		작성하기		10,000
신용카드매출전표등 발행공제 등	(19)	241,904,549	작성하기		3,144,759
합계	(20)			㉘	3,154,759
소규모 개인사업자 부가가치세 감면세액	(20-1)		작성하기	㉙	0

공제받을 세액 3,154,759원이 자동계산됩니다. 스크롤을 내리면 '최종 납부(환급) 세액' 화면이 나옵니다.

 TIP

여기서 중요한 점은 '자진신고'라는 함정입니다. '경감·공제세액'은 납세자가 스스로 작성하지 않으면 공제해 주지 않습니다. 시스템상 앞서 작성한 내용으로 자동 공제해 줄 수도 있지만 알고 경감 신청을 하지 않으면 납부할 세금으로 돌아옵니다. 다시 한 번 상기해야 할 것은 누구도 사장님의 절세를 원하지 않는다는 것입니다. 국가는 물론 세무대리인까지도 말이죠. 그래서 절세의 주체는 납세자 본인이어야 하고 이런 종류의 책을 통해 스스로 알아야 합니다.

05 최종납부(환급) 세액신고서 제출

이제 최종납부(환급)세액을 확인할 수 있습니다.

항목		금액	세율	세액
◎ 최종 납부(환급) 세액				(단위:원)
예정신고 미환급 세액	(21)		⑭	0
예정고지세액	(22)		⑮ ❶	0
사업양수자의 대리납부 기납부세액	(23)	도움말	⑯	0
매입자 납부특례 기납부세액	(24)	도움말	⑰	0
신용카드업자의 대리납부 기납부세액	(25)	조회하기	⑱	0
가산세액계	(26)	❷ 뒷쪽으로	⑲	0
차가감하여 납부할 세액 (환급받을 세액) (⑨-⑭-⑮-⑯-⑰-⑱-⑲+⑳)			(27) ❸	3,627,152
총괄납부사업자가 납부할 세액 (환급받을 세액)				0

※ 신고대상기간 중에 예정고지를 받은 사실이 있는 경우 예정고지세액이 보여지고 예정신고시 일반환급이 발생하여 예정신고미환급세액이 있는 경우 그 금액을 보여줍니다.
※ 예정고지세액과 예정신고 미환급세액은 동시에 입력할 수 없습니다.

❶ 일반과세사업자는 1월과 7월 두 번에 걸쳐 부가가치세 신고와 납부를 합니다. 하지만 4월과 10월에 직전 신고 금액의 절반을 미리 납부하는 예정고지납부가 있습니다. 예정고지세액이 있는 경우 '예정고지세액'을 입력합니다. 해당 사례

의 경우 지난 1~2분기 간이과세사업자에서 일반과세사업자로 전환된 경우로
예정고지 납부금액이 없어 해당 칸이 활성화되지 않았습니다.

❷ 가산세 등이 발생한 경우에는 스크롤을 내려 [뒷쪽으로] 버튼을 클릭하여 과세
표준 신고서(뒤쪽) 화면에서 입력합니다.

❸ '차감하여 납부할 세액'이 자동으로 산정됩니다.

스크롤을 내리면 나오는 다음 화면의 국세환급금 계좌신고부터는 해당되는 경우
에만 입력하면 됩니다.

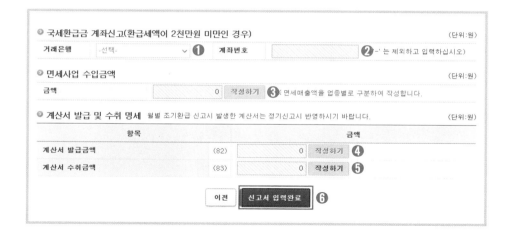

❶ 환급받을 '거래은행'을 선택합니다.

❷ 계좌번호를 입력합니다.

❸ 겸업사업자인 경우, '면세사업 수입금액'의 [작성하기]를 클릭해 작성해 줍니다.

❹ [작성하기]를 클릭해 '계산서 발급금액'을 입력합니다.

❺ [작성하기]를 클릭해 '계산서 수취금액'을 입력합니다.

❻ 작성을 완료하였으면 [신고서 입력완료]를 클릭합니다.

거듭 말하지만 해당 사항이 없으면 필수로 입력하지 않아도 됩니다. [신고서 입력
완료]를 클릭하면 '신고서 제출' 화면이 나옵니다.

❶ '매출세액 합계'를 확인합니다.

❷ '매입세액 합계'를 확인합니다.

❸ '경감공제세액 합계'를 확인합니다.

❹ '차가감납부할세액'을 확인합니다. 이는 '매출세액 합계-매입세액 합계-경감
공제세액 합계'로 나오는 값입니다.

❺ 그 외 해당 부분이 있다면 확인해 주세요. 요약된 내용을 다 확인하였으면 [신

고서 제출하기]를 클릭하여 '부가가치세 신고서 접수증' 화면으로 넘어갑니다. 혹시 누락된 것이 있다면 [이전] 버튼을 눌러 작성해 주세요.

부가가치세 신고서 접수증

Hometax. 국세청홈택스

사용자 ID	░░░░░░	사용자명	░░░░		
접수번호	░░░░░ ░░░░░░	접수일시	2021-01-20 13:21:37	접수결과	정상

■ 제출내역

상호(성명)	░░░░░ ░░░░░	사업자(주민)등록번호	░░░ ░░░░░░
신고서종류	부가가치세 확정(일반) 신고서	접수방법	인터넷(작성)
첨부한서류	5종	신고구분	정기(확정) / 정기신고

국세청홈택스에 위와 같이 접수되었습니다.

■ 상세내역 (단위 : 원)

신고년기	2020년 2기	신고기간	2020-07-01 ~ 2020-12-31
과세유형	일반	환급구분	해당없음
과세표준	243,501,236	차가감납부할세액	3,627,152
실제납부할세액	3,627,152		

상세내역을 확인합니다. 부가가치세 신고서를 제출하고 접수증과 납부서(지로)를 출력합니다. 납부서로 금융기관에서 납부하거나 가상계좌를 통해 납부할 수 있습니다.

5장

간이과세사업자의
부가가치세
신고

01 간이과세사업자의 부가가치세 이해하기

부가가치세는 최종 소비자가 부담하고, 사업자가 맡아 뒀다가 신고·납부하는 대표적인 간접세입니다. 소비자가 모든 소비행위를 할 때마다 유·무형의 상품가격에 포함된 부가가치세를 별도로 신고하고 납부할 수 없기 때문에 사업자가 일괄적으로 받아 뒀다가 특정 시점에 신고하는 것입니다.

기본적으로 과세사업자는 3개월마다 부가가치세를 신고·납부합니다. 하지만 법인사업자나 일반과세사업자에 비해 상대적으로 더 영세한 간이과세사업자에게는 1년에 한 번만 신고와 납부를 할 수 있도록 하는 간이과세제도가 있습니다.

영세한 개인사업자가 신고·납부의 횟수와 납부금액에 대한 부담을 현저히 덜 수 있도록 배려한 제도가 간이과세제도입니다. 간이簡易라는 말은 간단하고 편리하게 세금을 낼 수 있다는 의미입니다.

일반과세사업자의 부가가치세는 세율이 10%지만 간이과세사업자는 업종별로 정해진 부가가치율을 적용해서 일반과세사업자의 5~30% 수준의 낮은 세율로 세금을 신고하고 납부할 수 있습니다.

정리하자면 간이과세사업자는 세금신고도 1년에 한 번만 하고, 동종업계의 일반과세사업자에 비하면 부가가치세 납부 세액이 거의 없습니다. 다만 세금계산서를 발급할 수 없습니다. 이에 따라 간이과세사업자는 세금계산서를 발급할 수 없고, 부가가치세 신고 시 환급을 받을 수 없어 불리하다는 의견도 있습니다.

하지만 대부분 최종 소비자인 고객을 대상으로 영업하기 때문에 세금계산서를 발급할 일이 거의 없습니다. 따라서 애초에 환급받을 일이 없도록 초기투자비용을 최소화해서 창업하는 것이 바람직합니다. 이러한 점 때문에 창업은 가볍게 간이과세사업자로 시작하는 것이 좋습니다.

02
2021년부터 달라지는
간이과세사업자

간이과세사업자 여부의 기준은 기본적으로 연 매출(수입금액)입니다. 부가가치세 신고기한을 기준으로 전년도 연 매출이 8,000만 원(종전에는 4,800만 원) 미만이면 간이과세사업자의 자격으로 부가가치세를 신고·납부합니다.

창업 단계에서는 전년도 매출자료가 없기 때문에 간이과세 배제조건에 해당되지 않으면 간이과세사업자로 시작할 수 있습니다. 하지만 매출을 1년 단위로 환산해서 연 매출 8,000만 원(월 660만 원) 이상이 되면 다음해 7월 1일 기준으로 일반과세로 전환됩니다. 물론 환산 매출이 8,000만원 미만이면 계속 간이과세사업자의 자격을 유지할 수 있습니다. 하지만 간이과세사업자 자격의 유지가 바람직한 것은 아닙니다.

간이과세사업자는 부가가치세를 거의 내지 않기 때문에 사업자의 공평과세를 저해하고, 국가 세수 확보에도 도움이 되지 않기 때문에 정부는 간이과세사업자 기준을 연 매출 4,800만원으로 유지해왔습니다.

하지만 최근에는 코로나19 등의 영향을 고려해 간이과세 기준 금액을 올려 그대상을 늘려주자는 의견이 커짐에 따라 2021년부터는 기준 금액이 8,000만 원으로 상향되었습니다. 2020년 연 매출(공급대가)이 8,000만 원 미만인 일반과세 사업자라면 부가가치세 간이과세 전환기준 시기인 2021년 7월부터 간이과세자로 전환한 후 부가가치세를 신고·납부할 수 있게 됩니다.

세부담 경감, 세원 투명성 유지, 과세평형 제고를 위해 2021년부터 간이과세 기준금액 인상 등 부가가치세 간이과세제도가 개편되었습니다. 아래와 같습니다.

□ **일반과세자 기준**

세법 개정 전: 연 매출 4,800만 원 이상 일반과세 변경

→ 세법 개정 후: 연 매출 8,000만 원 이상 일반과세 변경

(2020년 현재 4,800만 원~8,000만 원 사이의 일반과세자 → 간이과세자로 전환, 단 세금계산서 발행 의무는 유지, 부동산 임대업, 유흥주점은 제외)

□ **부가가치세 납부 의무 면제 기준**

종전: 연 매출 3,000만 원 미만 간이과세 사업자는 부가가치세 납부 의무 면제

→ 개정: 연 매출 4,800만 원 미만 간이과세 사업자는 부가가치세 납부 의무 면제

또한 일반과세자와 간이과세자를 통합해 신용카드 등 매출에 대한 세액공제율이 전체 매출액의 1.3%로 단일화됩니다. 또한 간이과세자에 대한 세금계산서 수취 세액공제 산정방식이 '매입액×0.5%'로 변경됩니다.

부가가치세 신고·납부 의무가 있는 일반과세사업자가 면세 농산물 등을 구입하여 부가가치세가 부과되는 재화나 용역을 공급하기 위해 사용했다면 면세 농산물 등의 매입금액의 일정 비율만큼 납부할 세액에서 공제를 받을 수 있습니다. 음식점, 제조업, 과세유흥장소 등 업종에 따라 최소 2/102에서 9/109까지 의제매입

세액 공제가 가능합니다. 간이과세사업자도 동일하게 의제매입세액 공제가 가능했지만, 2020년 세법 개정으로 2021년 7월 1일 이후 신고분부터는 의제매입세액 공제가 불가합니다.

연 매출 4,800만 원 미만의 개인 사업자는 개정된 세법으로 납부 의무가 면제되는 간이과세사업자에 해당하므로 매입세액 공제의 필요성이 없게 되어 의제매입세액 공제 또한 불필요하게 된 것입니다. 종전 세법에서는 일반과세사업자이지만 개정된 세법에서는 간이과세사업자에 해당하는 연 매출 4,800만 원~8,000만 원까지의 개인사업자는 부가가치율에 면세농산물의 매입액이 반영되어 있어 의제매입세액 공제는 중복공제에 해당되므로, 이 개인사업자들 또한 의제매입세액 공제가 불가하게 됩니다.

간이과세사업자는 세금계산서를 발행할 수 없으나 매출 투명성 확보를 위해 2020년 세법 개정으로 인해 일반과세사업자에서 간이과세사업자로 전환된 사업자(연 매출 4,800만 원 ~ 8,000만 원 미만)는 재화, 용역 공급 시 세금계산서 발급의무가 유지되며 신용카드 매출전표에 대한 매입세액 공제도 받을 수 있습니다. 단, 연 매출 4,800만 원 미만의 사업자(종전 세법상의 간이과세사업자)는 현재와 동일하게 세금계산서 대신 영수증을 발급해야 합니다.

덕분에 세금부담은 확실히 줄어듭니다. 매출에서 발생한 부가가치세는 간이과세자처럼 업종별 부가가치율을 적용해 줄이고, 매입할 때 부담했던 부가가치세는 그것대로 공제를 받기 때문입니다.

이뿐만 아니라 좀 더 영세한, 종전 간이과세자이던 연 매출 4,800만 원 미만 사업자들은 부가가치세 부담이 완전히 사라집니다. 2021년부터 부가가치세 납부의무 면제대상이 연 매출 3,000만 원 미만에서 4,800만 원 미만으로 늘어났기 때문입니다.

03

간이과세자의
공급대가는 매출액

부가가치세에서 주로 혼동하는 용어 중의 하나가 공급가액과 공급대가입니다. 공급가액은 실제 공급되는 재화나 상품의 가격이라고 생각하면 되고, 공급대가는 그 재화나 상품의 가격에 부가가치세를 더한 개념입니다.

간이과세사업자는 세금계산서나 신용카드 매출전표 등에 공급가액과 부가가치세를 구분해서 표기하지 않습니다. 따라서 간이과세사업자의 재화나 상품의 매출이 발생할 경우에는 하나의 가격만 표기합니다. 그 가격을 공급가액과 부가가치세를 더해 공급대가라고 부릅니다.

> 공급대가(매출) = 공급가액(매출액) + 부가가치세

예를 들어 일반과세사업자가 상품을 11,000원에 파는 경우, 세금계산서 등에는 공급가액 10,000원과 부가가치세 1,000원, 영수금액 11,000원이 표기됩니다. 그러나 간이과세사업자는 공급대가 11,000원만 표시됩니다. 그래서 기본적으로 일

반과세사업자의 매출액은 10,000원, 간이과세사업자의 매출액은 11,000원으로 기록합니다.

통상 우리가 공급대가라고 말하는 금액을 매출이라고 표현합니다.

간이과세자의 판별과 일반과세자로의 전환

간이과세사업자는 전년도의 매출(공급대가) 합계액이 8,000만 원(종전에는 4,800만 원) 미만인 사업자입니다. 단 신규사업자의 경우에는 사업 개시일부터 과세기간 종료일(12월 31일)까지의 매출을 합한 금액을 12개월로 환산해 그 금액(월 660만 원)을 기준으로 간이과세자의 여부를 결정합니다.

예를 들어, 간이과세로 신청한 사업자가 10월 5일부터 사업을 시작하여 12월 말까지 공급대가가 1,400만 원이면, 이를 연간으로 환산합니다. 3개월간 1,400만 원이므로 1년이면 5,600만 원(1,400만 원/3 × 12개월)으로 계산하여 간이과세 여부를 판단하는 것입니다.

간이과세사업자의 과세기간은, 6개월로 두 번 나누는 일반과세사업자와 달리 1월 1일부터 12월 31일까지 입니다. 해당 과세기간의 매출을 기준으로 간이과세사업자의 지위 유지 여부를 판단합니다.

간이과세사업자가 일반과세사업자로 전환되는 시기는 본인이 자진해서 신청하지 않는 경우에는 항상 7월 1일입니다. 1년간 공급대가가 8,000만 원 이상이 된 경우에는 과세당국에서 일반과세로 전환한다는 통지를 합니다. 일반과세사업자의 2기 과세기간 시작 시점부터 일반과세사업자가 되는 것입니다.

이와 반대로 1년간의 공급대가가 8,000만 원에 미달하면 일반과세사업자에서 간이과세사업자로 전환 신청을 할 수 있습니다. 이때도 부가가치세 2기 과세기간 시작 시점부터 간이과세사업자로 전환됩니다.

간이과세자의 부가가치세 납부

간이과세사업자는 과세기간 종료 후 25일 이내, 즉 1년간의 부가가치세에 대해 다음해 1월 25일까지 신고·납부를 합니다. 그러나 공급대가가 연간 4,800만 원 (종전에는 3,000만 원) 미만인 경우에는 납부세액을 면제해 줍니다.

　참고로 간이과세사업자는 7월 25일에 직전 연도 납부금액(1월 부가가치세 납부 금액)의 1/2을 고지에 의해 납부합니다. 이때 납세자가 원하는 경우에는 고지가 아닌 신고·납부도 가능합니다. 간이과세사업자의 부가가치세를 구하는 방법은 아래와 같습니다(2022년 신고부터 아래의 계산식으로 바뀝니다).

> [공급대가(매출) × 10% × 업종별부가가치율] - (공급가액 × 0.5%)

1장에서 살펴본 최 사장님이 간이과세자일 경우 부가가치세를 계산해 볼까요(매출: 33,000원, 매입: 11,000원).

> [공급대가(매출) × 10% × 업종별부가가치율] - (공급가액 × 0.5%)
> → (33,000원 × 10% × 10%) - (10,000원 × 0.5%) = 330원 - 50원 = 280원
> * 음식점의 업종별부가가치율은 10%입니다.

과세 유형에 따라 부가가치세를 구하는 방법은 조금 차이가 있습니다. 간이과세사업자는 일반과세사업자에 비해 부가가치세 부담이 현저히 적은 것을 확인할 수 있습니다.

기본정보 입력

간이과세자 부가가치세를 신고하기 위해 우선 홈택스 메인화면에서 '신고/납부 〉
세금신고 〉 부가가치세 〉 부가가치세 신고하기'로 들어갑니다.

'간이과세자' 메뉴에서 [정기신고(확정/예정)]를 클릭합니다. 그러면 다음과 같은
화면으로 넘어갑니다.

❶ 사업자등록번호를 입력하고 [확인]을 누르면 기본 정보가 자동으로 작성됩니다.
   처음 입력한다면 빈칸을 다 채워 주세요.

❷ 전자우편주소를 입력합니다.

❸ [저장 후 다음이동]을 클릭하여 다음 단계로 이동합니다.

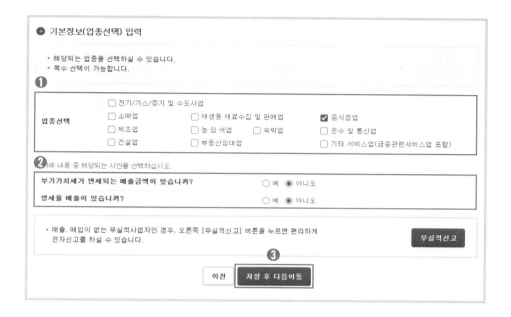

❶ 업종을 선택합니다.

❷ 부가가치세가 면제되는 매출이 있거나 영세율 매출이 있는 경우 체크해 주세요.

❸ [저장 후 다음이동]을 클릭하면 다음과 같은 팝업창이 뜹니다.

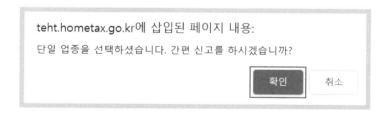

단일 업종을 선택한 경우 간편신고를 할 수 있습니다. 만약 복수의 업종일 경우 업종별 부가가치율의 차이가 있기 때문에 해당 사항에 맞게 입력하면 됩니다. [확인]을 누르면 다음 화면으로 이동합니다.

● 사업장현황명세서

- 사업장현황명세서를 작성하는 화면입니다.

※ 음식점업, 숙박업, 기타서비스업을 영위하는 사업자는 아래의 [사업장현황명세서]를 작성하여야 합니다.

◎ 합계

월 기본경비 합계	3,800	천원

◎ 기본사항

▶ 사업장

* 자 · 타가 구분		○ 자가 ● 타가(개인)			
* 대지		74 (㎡)			
* 건물	지상(층)	3	지하(층)		0
	바닥면적	74 (㎡)	연면적		74 (㎡)
종업원수		0	차량 승용차(대)	1	화물차(대) 0

※ 아래는 음식점업자 및 숙박업자만 기재합니다.

객실수(개)	1	탁자수(개)	1
의자수(개)	4	주차장 유무	● 유 ○ 무

◎ 월 기본경비

- 타가인 경우에는 기본경비 중 임차료 보증금 또는 임차료 월세금액이 반드시 입력되어야 합니다.

월기준	○ 6월 ● 12월			
임차료 보증금	20,000	천원	임차료 월세	1,100 천원
전기/가스료	500	천원	수도료	200 천원
인건비	0	천원	기타	2,000 천원

이전 입력완료

'사업장현황명세서'를 작성합니다. [입력완료]를 누르고 다음 단계로 넘어갑니다.

05
매출자료 입력

매출자료를 먼저 입력해 보도록 하겠습니다.

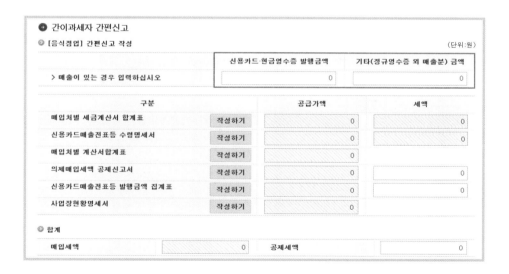

간이과세사업자 매출액은 자료들을 조회한 후 해당 칸에 입력해 주면 됩니다.

신용카드·현금영수증 발행금액 작성하기

우선 '신용카드·현금영수증 발행금액'을 입력해 봅시다. 그러기 위해서는 홈택스에서 조회한 금액과 앞서 일반과세사업자의 부가가치세 신고에서 본 것처럼 배민 사장님광장과 요기요 사장님 사이트 등의 플랫폼에서 자료를 확인하고 합산한 금액을 입력해야 합니다.

홈택스 자료 조회

먼저 홈택스에서 자료 조회부터 합니다. 홈택스 메인화면으로 들어갑니다.

'조회/발급' 메뉴 하단의 '신용카드 매출자료조회'를 클릭합니다. 그러면 다음과 같은 화면이 나옵니다.

❶ '결제년도'를 설정하고 ❷ [조회하기]를 누르면 ❸ 신용카드 매출 누계 '42,142,700원'을 확인할 수 있습니다. 이제 현금영수증 매출내역을 조회해 보도록 하겠습니다. 메인화면으로 돌아갑니다.

Hometax 국세청홈택스		조회/발급	민원증명	신청/제출	신고/납부	

전자세금계산서	현금영수증	세금신고납부
✛ 발급	— 현금영수증조회	• 양도소득세 신고도움 서비스
✛ 목록조회	• 사용내역(소득공제) 조회	• 양도소득세 종합안내
✛ 합계표 및 통계조회	• 사용내역(소득공제) 누계조회	• 부가가치세매입자납부특례조회
✛ 사용자유형별 조회권한 관리	• 매입내역(지출증빙) 조회	• 부가가치세 신고도움 서비스
✛ 주민번호수취분전환및조회	• 매입내역(지출증빙) 누계조회	• 부가가치세카드사대리납부조회
✛ 발급보류/예정목록조회	• 매입세액 공제금액조회	• 부가세예정고지 세액조회
• 메일발송목록 조회 및 재발송	• 매출내역 조회	• 수출실적명세서 조회
• 수신전용메일 신청	• 매출내역 누계조회	• 증여세 결정정보 조회
• 제3자 발급사실 조회	• 소액결제 세액공제조회	• 상속세 합산대상 사전증여재산 결정정보 조회
• 거래처 및 품목관리	• 가산세조회	
	• 현금영수증 제3자 발급사실 조회	

'조회/발급메뉴 〉현금영수증 〉현금영수중 조회 〉매출내역 누계조회'를 클릭합니다. 클릭하면 다음과 같은 화면이 나옵니다.

❶ '조회년도'와 '전체'를 설정하고 ❷ [조회하기]를 클릭합니다. 현금영수증 매출내역 누계 ❸ '33,504,246'원을 확인합니다.

배달의민족 요기요의 신용카드 매출액 확인하기

다음은 배민사장님광장의 신용카드 매출액을 확인합니다. 배민사장님광장^{ceo.} baemin.com 으로 들어갑니다.

로그인 후 메인화면에서 [셀프서비스]를 클릭하여 '부가세신고내역' 메뉴로 들어
가면 다음과 같은 화면이 뜹니다.

❶ 먼저 [상반기]를 클릭 후 ❷ [조회] 버튼을 클릭합니다. ❸ '카드매출 75,305,700원'을 확인합니다. 여기서 주의할 점은 카드매출 아래의 '현금매출'과 '배민만나서결제 카드'는 홈택스 현금영수증 매출과 신용카드 매출내역에 포함되어 있기 때문에 중복하여 매출로 집계하면 안 된다는 것입니다. 똑같은 방법으로 하반기 매출도 조회합니다.

❶ [하반기]를 클릭한 다음 ❷ [조회] 버튼을 클릭합니다. ❸ '카드매출 72,529,645원'을 확인합니다.

다음으로 요기요 사장님 사이트owner.yogiyo.co.kr/owner/로 들어가면 다음과 같은 메인화면이 보입니다.

❶ 아이디와 비밀번호를 입력합니다.

❷ [로그인] 버튼을 눌러 로그인합니다.

❸ 우측 상단 메뉴 중 '매출관리'를 클릭합니다.

④ '부가가치세 신고자료'를 클릭합니다.

⑤ 사업자 번호를 입력합니다.

⑥ '조회기준'을 선택합니다.

⑦ '상반기'와 '하반기' 중 선택합니다.

⑧ [조회]를 클릭하면 다음과 같은 화면이 나옵니다.

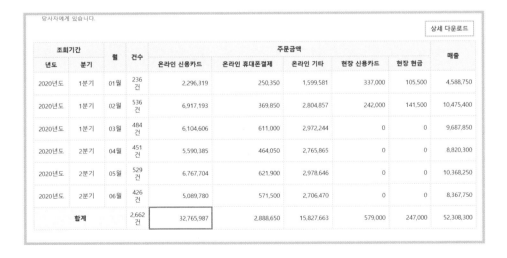

조회기간		월	건수	주문금액					매출
년도	분기			온라인 신용카드	온라인 휴대폰결제	온라인 기타	현장 신용카드	현장 현금	
2020년도	1분기	01월	236건	2,296,319	250,350	1,599,581	337,000	105,500	4,588,750
2020년도	1분기	02월	536건	6,917,193	369,850	2,804,857	242,000	141,500	10,475,400
2020년도	1분기	03월	484건	6,104,606	611,000	2,972,244	0	0	9,687,850
2020년도	2분기	04월	451건	5,590,385	464,050	2,765,865	0	0	8,820,300
2020년도	2분기	05월	529건	6,767,704	621,900	2,978,646	0	0	10,368,250
2020년도	2분기	06월	426건	5,089,780	571,500	2,706,470	0	0	8,367,750
합계			2,662건	32,765,987	2,888,650	15,827,663	579,000	247,000	52,308,300

먼저 상반기를 조회했습니다. 온라인 신용카드 '32,765,987'원을 확인합니다.

조회기간		월	건수	주문금액					매출
년도	분기			온라인 신용카드	온라인 휴대폰결제	온라인 기타	현장 신용카드	현장 현금	
2020년도	3분기	07월	410건	5,110,608	513,750	2,299,492	0	0	7,923,850
2020년도	3분기	08월	428건	5,813,954	361,250	2,418,496	0	0	8,593,700
2020년도	3분기	09월	384건	4,831,207	513,950	2,268,643	0	0	7,613,800
2020년도	4분기	10월	326건	3,857,695	237,100	2,276,505	0	0	6,371,300
2020년도	4분기	11월	345건	4,240,610	341,850	2,243,440	0	0	6,825,900
2020년도	4분기	12월	454건	5,486,257	396,400	3,151,943	0	0	9,034,600
합계			2,347건	29,340,331	2,364,300	14,658,519	0	0	46,363,150

다음은 상반기와 같은 방법으로 하반기 조회를 합니다. 온라인 신용카드 '29,340,331'원을 확인합니다.

조회한 금액을 다음과 같이 전부 합산합니다.

홈택스 신용카드 및 현금영수증 매출	42,142,700원 + 33,504,246원
배달의민족 신용카드 매출	75,305,700원 + 72,529,645원
요기요 신용카드 매출	32,765,987원 + 29,340,331원
합계	285,588,609원

'간이과세자 간편신고' 화면으로 돌아갑니다.

[음식점업] 간편신고 작성				(단위:원)
		신용카드·현금영수증 발행금액	기타(정규영수증 외 매출분) 금액	
› 매출이 있는 경우 입력하십시오		285,588,609	0	

구분		공급가액	세액
매입처별 세금계산서 합계표	작성하기	0	0
신용카드매출전표등 수령명세서	작성하기	0	0
매입처별 계산서합계표	작성하기	0	
의제매입세액 공제신고서	작성하기	0	0
신용카드매출전표등 발행금액 집계표	작성하기	0	0
사업장현황명세서	작성하기	0	

◉ 합계

매입세액	0	공제세액	0

신용카드 매출과 현금영수증 매출을 합산한 금액 285,588,609원을 입력합니다.

　다음은 기타(정규영수증 외 매출분) 금액을 조회합니다. 이 부분은 신용카드와 현금영수증을 제외한 다른 방식으로 발생한 매출누계를 작성하면 됩니다. 이 부분을 굳이 구분하는 이유는 신용카드 매출세액 공제(1.3%) 제외 대상이기 때문입니다. 간이과세사업자는 납부할 부가가치세가 없을 가능성이 매우 높아 큰 의미는 없지만 드러난 매출을 누락하지 않기 위해 이 부분을 조금만 더 신경 쓰길 바랍니다.

기타(정규영수증 외 매출분) 금액 작성하기

그럼 먼저 배민사장님광장에서 매출자료를 한 번 보겠습니다. '배민사장님광장 〉 셀프서비스 〉 부가세신고내역'으로 들어가면 다음 화면이 보입니다.

❶ [상반기] 버튼을 클릭합니다.

❷ [조회] 버튼을 클릭합니다.

❸ 상반기 '기타매출 6,201,927원'을 확인합니다.

이제 하반기 내역을 조회해 보겠습니다.

| 2020년 | ⌄ | 상반기 | **❶ 하반기** | 1분기 | 2분기 | 3분기 | 4분기 |

| 2020. 07. 01. ~ 2020. 12. 31. | 🗓 **❷** | 조회 |

· 전월 매입자료는 당월 D+5(영업일 기준)일 이내 확인 할 수 있습니다.
· 부가세 신고자료는 최대 6개월까지 조회 할 수 있습니다. 정산 내역이 않은 경우 데이터 조회 시간이 오래 걸릴 수 있습니다.
· 2020년 1월 1일부터 만나서결제 매출내역이 추가 제공됩니다.

매출 ⑦

인쇄 🖶 상세내역 다운로드 ⬇ 이메일 보내기 ✉

매출구분	매출	부가세	합계
기타매출	4,994,753	499,529	**❸** 5,494,282
카드매출	65,935,592	6,594,053	72,529,645
현금매출	15,669,979	1,567,094	17,237,073
배민만나서결제 카드	8,988,134	898,866	9,887,000
배민만나서결제 현금	1,465,902	146,598	1,612,500

❶ [하반기] 버튼을 클릭합니다.

❷ [조회] 버튼을 클릭합니다.

❸ '기타매출 5,494,282원'을 확인합니다.

다음은 요기요 사장님사이트 매출을 확인합니다. '요기요 사장님 사이트 〉 매출관리'로 들어가 앞에서 설명한 대로 조회하면 됩니다.

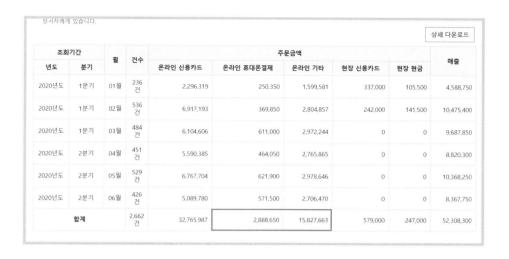

조회기간		월	건수	주문금액					매출
년도	분기			온라인 신용카드	온라인 휴대폰결제	온라인 기타	현장 신용카드	현장 현금	
2020년도	1분기	01월	236건	2,296,319	250,350	1,599,581	337,000	105,500	4,588,750
2020년도	1분기	02월	536건	6,917,193	369,850	2,804,857	242,000	141,500	10,475,400
2020년도	1분기	03월	484건	6,104,606	611,000	2,972,244	0	0	9,687,850
2020년도	2분기	04월	451건	5,590,385	464,050	2,765,865	0	0	8,820,300
2020년도	2분기	05월	529건	6,767,704	621,900	2,978,646	0	0	10,368,250
2020년도	2분기	06월	426건	5,089,780	571,500	2,706,470	0	0	8,367,750
합계			2,662건	32,765,987	2,888,650	15,827,663	579,000	247,000	52,308,300

먼저 상반기를 조회합니다. '온라인 휴대폰결제 2,888,650원'과 '온라인 기타 15,827,663원'을 확인합니다.

조회기간		월	건수	주문금액					매출
년도	분기			온라인 신용카드	온라인 휴대폰결제	온라인 기타	현장 신용카드	현장 현금	
2020년도	3분기	07월	410건	5,110,608	513,750	2,299,492	0	0	7,923,850
2020년도	3분기	08월	428건	5,813,954	361,250	2,418,496	0	0	8,593,700
2020년도	3분기	09월	384건	4,831,207	513,950	2,268,643	0	0	7,613,800
2020년도	4분기	10월	326건	3,857,695	237,100	2,276,505	0	0	6,371,300
2020년도	4분기	11월	345건	4,240,610	341,850	2,243,440	0	0	6,825,900
2020년도	4분기	12월	454건	5,486,257	396,400	3,151,943	0	0	9,034,600
합계			2,347건	29,340,331	2,364,300	14,658,519	0	0	46,363,150

다음 하반기를 조회합니다. '온라인 휴대폰결제 2,364,300원'과 '온라인 기타 14,658,519원'을 확인합니다.

조회한 금액을 다음과 같이 전부 합산합니다.

배달의민족 기타 매출	6,201,927원 + 5,494,282원
요기요 기타 매출	2,888,650원 + 15,827,663원 + 2,364,300원 + 14,658,519원
합계	47,435,341원

간이과세자 간편신고
[음식점업] 간편신고 작성

(단위:원)

	신용카드·현금영수증 발행금액	기타(정규영수증 외 매출분) 금액
＞ 매출이 있는 경우 입력하십시오	285,588,609	48,435,341

구분		공급가액	세액
매입처별 세금계산서 합계표	작성하기	0	0
신용카드매출전표등 수령명세서	작성하기	0	0
매입처별 계산서합계표	작성하기	0	
의제매입세액 공제신고서	작성하기	0	0
신용카드매출전표등 발행금액 집계표	작성하기	0	0
사업장현황명세서	작성하기	0	

여기에 현금매출 1,000,000원을 포함해 48,435,341원을 입력합니다. 배달의민족과 요기요에서 입력하지 않은 다른 항목들은 대부분 홈택스 신용카드와 현금영수증에 반영되어 있다고 보면 됩니다. 다만 앞서 언급했던 것처럼 매출금액이 중복되지 않았는지 다시 한 번 확인하시기 바랍니다.

이제 매입 자료를 작성해 보겠습니다.

매입자료 입력

매입자료에는 크게 세금계산서, 신용카드 및 현금영수증, 계산서 등이 있습니다. 차례차례 조회와 입력의 과정을 살펴보도록 하겠습니다. 먼저 세금계산서 합계표 를 작성합니다.

세금계산서 합계표 작성하기

❶ '매입처별 세금계산서 합계표' [작성하기]를 클릭하면 다음과 같은 화면으로 이동합니다.

❷ 매입처별 세금계산서 합계표에서 [전자세금계산서 불러오기]를 클릭합니다. 매입처, 매수, 공급가액, 세액을 확인합니다. 별도로 기록할 필요는 없습니다. 이 부분은 거래가 발생하고 계산서를 발급받는 시점에 확인하는 습관이 필요합니다. 언제나 과세기간에 세금 내역을 잘 정리해 두는 습관을 가지면 신고기간에 걱정할 일이 없습니다.

다음은 종이세금계산서가 있다면 입력하도록 하겠습니다. 스크롤을 내리면 '종이세금계산서'를 입력할 수 있는 화면이 나옵니다.

❸ 거래처의 '사업자등록번호'를 입력하고 [확인]을 누르면 상호(법인명)가 자동으로 입력됩니다.

❹ 동일한 거래처의 경우 '매수'를 입력합니다.

❺ '공급가액'의 합계를 입력합니다.

❻ '세액'의 합계를 입력합니다.

❼ [입력내용추가]를 클릭하면 아래와 위의 빈 칸에 자동으로 입력됩니다.

스크롤을 내려 매입처별 세금계산서 합계표를 확인합니다.

⓼ 매입처수와 매수와 공급가액, 세액을 확인한 후 [입력완료]를 클릭하면 '간이과세 간편신고' 화면으로 돌아갑니다.

신용카드매출전표등 수령명세서 작성하기

다음은 '신용카드매출전표등 수령명세서'를 작성합니다.

'신용카드매출전표등 수령명세서'의 [작성하기]를 클릭하면 다음과 같은 화면이 나옵니다.

● 신용카드 매출전표등 수령명세서

도움말

• 전산매체 제출용으로 생성한 신용카드매출전표등 수령명세서를 불러오기로 신고할 경우 "변환페이지 이동" 버튼을 클릭하면 됩니다.

변환페이지 이동

• 예정신고 누락분은 확정신고시에만 포함해서 입력하십시오.
• 현금영수증, 화물운전자 복지카드, 사업용 신용카드 매입자료는 화면하단의 현금영수증, 화물운전자 복지카드, 사업신용자카드 합계란에만 입력하여야 합니다.
• 법인카드는 사업용신용카드이므로, 사업용신용카드란에 거래건수, 공급가액, 세액만 작성하시면 됩니다. (명세 제출 불필요.)
• 미리보기는 500건만 제공됩니다.
• 정기신고분 재제출, 수정신고, 경정청구시 가맹점(공급자)과의 거래내역이 2,000건을 초과하는 경우에는(파일 제출건은 200건 미만) 이미 제출된 내역을 제공할 수 없으므로 화면에서 작성 또는 파일로 제출하여야 합니다.

◎ 가맹점 정보

카드회원번호			※ ., − 없이 입력하십시오.	
공급자(가맹점)사업자등록번호		거래건수		건
공급가액	원	세액		원

※ 거래내역을 추가하려면, 위 항목을 입력한 후 오른쪽의 버튼을 누르십시오.

입력내용추가

◎ 가맹점(공급자)과의 거래내역
(단위:원)

☐	일련번호	카드회원번호	공급자(가맹점)사업자등록번호	거래건수	공급가액	세액
			조회된 내역이 없습니다.			

1   총0건(1/1)

※ 거래사항기재내용을 삭제하려면, 위의 목록에서 해당내역을 선택한 후 오른쪽의 버튼을 누르십시오.

선택내용삭제

해당 내용은 홈택스에 본인 명의의 사업용신용카드 등록을 하지 않고 사업과 관련된 지출을 했을 때, 빈 칸에 하나하나 입력해야 하는 번거로운 경우입니다.

간이과세사업자의 경우 전혀 입력하지 않아도 납부할 부가가치세가 0원이기 때문에 별 문제될 것은 없지만 향후 연 매출이 8,000만 원을 초과하여 일반과세사업자로 전환될 경우에는 매입세액 공제를 받기 위해서 모두 입력해야 하는 불상사가 생길 수 있습니다.

그러니 본인명의의 신용카드나 체크카드 중 가장 혜택이 많은 카드 한 장을 홈택스에 등록하고 사업과 관련된 지출만 하면 부가가치세 신고 시 수월하게 처리할 수 있습니다. 앞서 언급한 '매입세액 공제'와 '불공제의 선택과 변경'의 경우에도 시간 낭비를 줄일 수 있습니다. 해당 사례의 경우 홈택스에 등록된 카드만 사용했기 때문에 입력할 필요가 없습니다.

그 아래쪽에는 신용카드 외에 현금영수증, 화물운전자복지카드, 사업용신용카드의 거래건수, 공급가액, 세액을 입력하는 합계 항목이 있습니다. 이를 위해서는 별도의 조회가 필요합니다. 조회를 위해 메인화면으로 이동합니다. 다만, 이처럼 신고 과정 중에 조회를 할 경우 흐름이 끊겨 불편하므로 신고 전에 미리 조회해 금액을 집계해 놓는 것이 좋습니다.

현금영수증 매입자료 조회 및 작성하기

그럼 이번에는 현금영수증 매입자료를 조회해 보겠습니다.

❶ '조회/발급'를 클릭합니다.

❷ '현금영수증조회'를 클릭합니다.

❸ '매입세액 공제금액조회'를 클릭하면 다음의 화면이 나옵니다.

❶ '조회기간'을 설정합니다. 3개월 단위로 조회가 가능하기 때문에 번거롭지만 4
번의 조회를 해야 합니다.

❷ '공제'를 선택합니다.

❸ [조회하기]를 클릭합니다.

❹ 매 조회 시마다 공제 '건수, 공급가액, 세액'을 기록해 둡니다. 1분기는 공제건
수 1건, 공급가액 7,217원, 세액 721원입니다.

마찬가지로 나머지 기간의 현금영수증 매입세액 공제 건수와 공급가액, 세액을
확인하고 합산합니다.

2분기의 공제 건수 3건, 공급가액 17,274원, 세액 1,726원을 확인합니다.

공제대상	건수	공급가액	세액	봉사료	합계
공제대상합계	4	22,001	2,198	0	24,199
공제	4	22,001	2,198	0	24,199
선택불공제	0	0	0	0	0

● 매입세액 공제금액 상세내역

3분기의 공제 건수 4건, 공급가액 22,001원, 세액 2,198원을 확인합니다.

공제대상	건수	공급가액	세액	봉사료	합계
공제대상합계	2	5,455	545	0	6,000
공제	2	5,455	545	0	6,000
선택불공제	0	0	0	0	0

● 매입세액 공제금액 상세내역

4분기의 공제 건수 2건, 공급가액 5,455원, 세액 545원을 확인합니다. '신용카드 매출전표등 수령명세서' 화면으로 돌아갑니다. 아까의 화면에서 스크롤을 내리면 '합계' 부분이 나옵니다.

1분기 공제건수 1건,	공급가액 7,217원,	세액 721원
2분기 공제건수 3건,	공급가액 17,274원,	세액 1,726원
3분기 공제건수 4건,	공급가액 22,001원,	세액 2,198원
4분기 공제건수 2건,	공급가액 5,455원,	세액 545원
합계 공제건수 10건,	공급가액 51,947원,	세액 5,190원

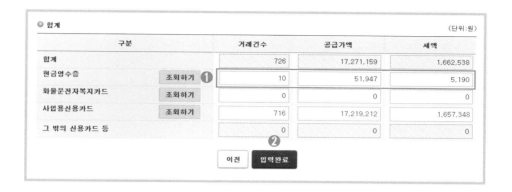

❶ 총공제 건수 10건, 공급가액 51,947원, 세액 5,190원을 입력 합니다.

❷ [입력완료]를 클릭합니다.

이제 사업용신용카드 매입세액 공제금액을 확인하고 작성해 보도록 하겠습니다.

사업용신용카드 매입세액 공제금액 확인 및 작성하기

| Home tax. 국세청홈택스 | 조회/발급 | 민원증명 | 신청/제출 | 신고/납부 |

전자세금계산서
- 발급
- 목록조회
- 합계표 및 통계조회
- 사용자유형별 조회권한 관리
- 주민번호수취분전환및조회
- 발급보류/예정목록조회
- 메일발송목록 조회 및 재발송

현금영수증
- 현금영수증조회
- 현금영수증 수정
- 현금영수증 발급수단
- 사업용신용카드
  - 사업용신용카드 등록
  - 매입내역누계 조회
  - 매입세액 공제금액 조회
  - 매입세액 공제 확인/변경

세금신고납부
- 양도소득세 신고도움 서비스
- 양도소득세 종합안내
- 부가가치세매입자납부특례조회
- 부가가치세 신고도움 서비스
- 부가가치세카드사대리납부조회
- 부가세예정고지 세액조회
- 수출실적명세서 조회

메인화면에서 '조회발급 > 사업용신용카드 > 매입세액 공제금액 조회'를 클릭하면 다음 화면이 나옵니다.

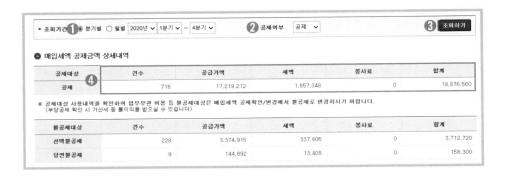

❶ 사업용신용카드 매입세액 공제금액 '조회기간'을 설정합니다.

❷ '공제'를 선택합니다.

❸ [조회하기]를 클릭합니다.

❹ 공대대상 건수, 공급가액, 세액, 합계를 확인하고 다시 '신용카드 매출전표등 수령명세서' 화면으로 돌아옵니다.

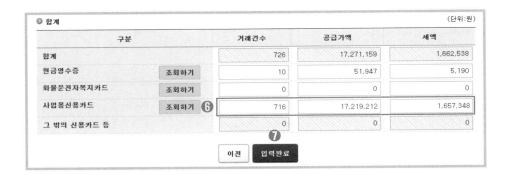

❻ 조회하여 확인한 거래건수, 공급가액, 세액을 차례로 입력합니다.

❼ [입력완료]를 클릭하고 다시 '간이과세자 간편신고' 화면으로 돌아갑니다.

매입처별 계산서합계표 작성하기

이번에는 '매입처별 계산서합계표'를 작성해 봅시다. 계산서는 면세사업자로부터 재화를 공급받고 수취한 적격증빙으로, 이 계산서의 금액에는 부가가치세가 포함되지 않은 것을 염두에 두면 되겠습니다.

'매입처별 계산서합계표'의 [작성하기]를 클릭하면 다음과 같은 화면이 나옵니다.

● 매입처별 계산서합계표

- 매입처별 계산서합계표를 입력하는 화면입니다.
- 전산매체 제출용으로 생성한 계산서합계표를 불러오기로 신고할 경우 **[변환페이지 이동]** 버튼을 클릭하시기 바랍니다.

변환페이지 이동

- 전자계산서분 금액을 입력하시기 전에 반드시 **[전자계산서 자료조회]**버튼을 클릭하여 합계금액 및 세부내역을 확인하신 후 금액을 기재하시기 바랍니다.
- 다만, 현행 규정상 **전자계산서 전송마감일이 과세기간종료일 다음달 11일**임을 유의하시기 바랍니다.

전자계산서 자료조회

- 전자계산서분 금액을 불러오려면 **[전자계산서 불러오기]** 버튼을 클릭하시기 바랍니다.
- **[전자계산서 불러오기]**는 '기본정보입력'의 신고기간에 맞추어 조회됩니다. (반기 선택 불가) ❶ **전자계산서 불러오기**

◎ 과세기간종료일 다음달 11일까지 전송된 전자계산서 발급받은분 합계

구분	매입처수	매수	매입금액
사업자등록번호 발급받은분❷	2	10	55,453,700 원

◎ 과세기간 종료일 다음달 11일까지 전송된 전자계산서 외 발급받은 매입처별 명세

사업자등록번호	❸	확인	거래처상호	
매수			매입금액	원

※❺ 전자계산서 외 발급받은 매입처별 명세를 [입력]하려면, 위 항목을 입력한 후 오른쪽의 [입력내용추가] 버튼을 누르십시오. ❹ **입력내용추가**

선택	일련번호	사업자등록번호	상호명	매수	매입금액(원)
☐	1	▨▨▨	▨▨▨	1	5,864,800

1   총1건(1/1)

※ 전자계산서 외 발급받은 매입처별 명세를 [삭제]하려면, 위 항목중 [선택]항목을 체크한 후 오른쪽의 [선택내용삭제] 버튼을 누르십시오.

선택내용삭제

❶ [전자계산서 불러오기]를 클릭합니다.

❷ [전자계산서 불러오기]를 클릭하면 자동으로 채워집니다.

❸ 종이계산서가 있다면 거래처 사업자등록번호를 입력한 후 [확인]을 클릭하면 거래처 상호가 자동 입력됩니다. 거래처별로 매수와 매입금액의 합계를 입력합니다.

❹ [입력내용추가]를 클릭합니다.

❺ 그러면 내용이 자동으로 채워집니다.

스크롤을 내립니다.

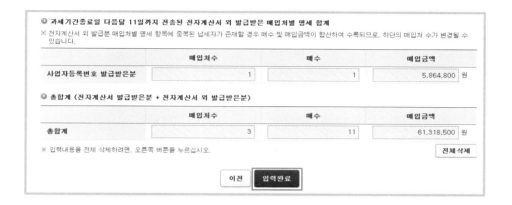

해당내용을 확인한 후 [입력완료]를 누르면 저장 후 '간이과세자 간편신고' 화면
으로 돌아갑니다.

07 의제매입세액 공제신고서

이제는 '의제매입세액 공제신고서'를 작성해 보도록 하겠습니다.

● 간이과세자 간편신고

◎ [음식점업] 간편신고 작성

(단위:원)

	신용카드·현금영수증 발행금액	기타(정규영수증 외 매출분) 금액
> 매출이 있는 경우 입력하십시오	285,588,609	48,435,341

구분		공급가액	세액
매입처별 세금계산서 합계표	작성하기	65,093,630	6,505,463
신용카드매출전표등 수령명세서	작성하기	17,271,159	1,662,538
매입처별 계산서합계표	작성하기	61,318,500	
의제매입세액 공제신고서	작성하기	0	0
신용카드매출전표등 발행금액 집계표	작성하기	0	0
사업장현황명세서	작성하기	0	

◎ 합계

매입세액	0	공제세액	0

◎ 예정신고를 하였거나 예정고지를 받은 세액이 있는 경우

'의제매입세액 공제신고서'를 [작성하기]를 클릭하면 다음과 같은 화면이 나옵니다.

'농·어민등으로부터 매입분에 대한 명세'는 사업자가 아닌 개인 농어민으로부터 직접 구매한 내역이 있을 때 입력하는 항목입니다.

❶ '공급자 성명'을 입력합니다.

❷ '주민등록번호'를 입력하고 [조회] 버튼을 클릭합니다.

❸ '건수'를 입력합니다.

❹ '품명'을 입력합니다.

❺ '수량'을 입력합니다.

❻ '매입가액'을 입력합니다.

❼ [입력내용추가]를 클릭합니다.

입력이 완료되었으면 스크롤을 내려 '면세농수산물등 매입가액 합계' 쪽으로 이동합니다.

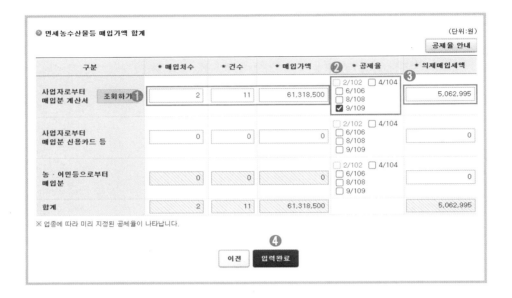

❶ 앞서 확인한 매입분 계산서의 매입처수, 건수, 매입가액을 확인합니다.

❷ 공제율은 업종에 따라 미리 지정된 공제율이 나타납니다. 해당 사례는 9/109 입니다.

❸ 의제매입세액은 5,062,995원으로 자동 계산되었습니다.

❹ [입력완료]를 클릭합니다.

그러면 '간이과세자 간편신고' 화면으로 돌아갑니다.

08
신용카드매출전표등
발행금액 집계표 작성

'신용카드매출전표등 발행금액 집계표'를 작성합니다. 이 부분이 가장 중요한 부분입니다. 해당 부분은 신용카드매출분에 대한 세액공제 1.3%를 받기 위해 입력하는 항목입니다. 앞서 매출자료를 입력하면서 신용카드매출내역을 입력했기 때문에 정리가 된 것으로 알고 입력하지 않아도 된다고 생각할 수도 있습니다. 그러나 입력하지 않으면 신용카드 및 현금영수증의 발행으로 발생한 매출에 대한 세액공제를 해주지 않습니다. 자동으로 해 줄 거라 믿으면 안 됩니다. 이 부분을 납세자가 철저히 챙겨야 합니다. 이것이 자진신고의 함정입니다.

국세청은 이렇게 말합니다. '매출은 다 아니까 누락할 생각하지 마. 행여 실수라 할지라도 누락하면 세무조사 받는다. 매입자료는 알아서 빼라. 누락해도 난 몰라. 그렇다고, 공제받으면 안 되는 거 받으려 하면 각오해. 세무조사 받는다.'

매출 누락해도 세무조사 받고 불공제 매입세액을 공제 받아도 세무조사 받을 거니까 신경 써서 잘 하라고 합니다. 그래서 너무 어려우면 세무사한테 맡기라고 합니다. 물론 세무서에 찾아오면 도우미들 배치해서 잘 도와줄 테니 직접 할 수 있

으면 하라고 합니다. 그래도 잘못되면 모두 납세자 책임이니까 알아서 잘 하라고
합니다.

그래서 이 신용카드 및 현금영수증 매출금액을 다시 한 번 확인하고 입력해주
는 작업을 해야 합니다. '간이과세자 간편신고' 화면으로 돌아옵니다.

● 간이과세자 간편신고			
◉ [음식점업] 간편신고 작성			(단위:원)
		신용카드·현금영수증 발행금액	기타(정규영수증 외 매출분) 금액
> 매출이 있는 경우 입력하십시오		285,588,609	48,435,341
구분		공급가액	세액
매입처별 세금계산서 합계표	작성하기	65,093,630	6,505,463
신용카드매출전표등 수령명세서	작성하기	17,271,159	1,662,538
매입처별 계산서합계표	작성하기	61,318,500	
의제매입세액 공제신고서	작성하기	61,318,500	5,062,995
신용카드매출전표등 발행금액 집계표	작성하기	0	0
사업장현황명세서	작성하기	0	
◉ 합계			
매입세액		0	공제세액 0
◉ 예정신고를 하였거나 예정고지를 받은 세액이 있는 경우			
예정신고(고지) 세액		0	

이전   입력완료

'신용카드매출전표등 발행금액 집계표' [작성하기] 버튼을 클릭하여 다음 화면으
로 이동합니다.

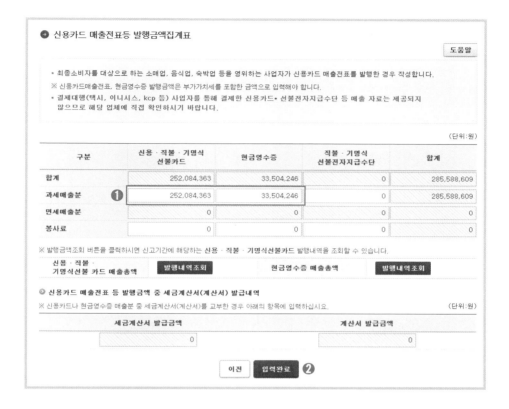

❶ '신용·직불·기명식 선불카드'와 '현금영수증' 금액은 앞서 확인하였던 신용카드 및 현금영수증 합계에서 확인할 수 있습니다.

❷ 두 금액을 입력하면 합계가 자동 입력됩니다. [입력완료]를 누르면 저장 후 다음 화면으로 이동합니다.

09

신고내용 확인하고 제출하기

이제 작성한 항목들을 확인할 차례입니다.

● 간이과세자 간편신고

● [음식점업] 간편신고 작성   (단위:원)

		신용카드·현금영수증 발행금액	기타(정규영수증 외 매출분) 금액
> 매출이 있는 경우 입력하십시오		285,588,609	48,435,341

구분		공급가액	세액
매입처별 세금계산서 합계표	작성하기	65,093,630	6,505,463
신용카드매출전표등 수령명세서	작성하기	17,271,159	1,662,538
매입처별 계산서합계표	작성하기	61,318,500	
의제매입세액 공제신고서	작성하기	61,318,500	5,062,995
신용카드매출전표등 발행금액 집계표	작성하기	285,588,609	0
사업장현황명세서	작성하기 ❶	3,800,000	

❷합계

매입세액	8,168,001	공제세액	816,800

● 예정신고를 하였거나 예정고지를 받은 세액이 있는 경우

예정신고(고지) 세액	0

❸

[이전] [입력완료]

❶ 사업장현황명세서는 앞서 작성했기 때문에 입력되어 있습니다.

❷ '매입세액'과 '공제세액'을 확인합니다.

❸ [입력완료]를 눌러 다음 단계로 넘어갑니다.

여기서 중요한 것은 '매입세액'과 '공제세액'입니다. 간이과세사업자의 경우 업종별 부가가치율이 5~30%인데, 사업에 필요한 재화를 구입하는 데 지출한 매입세액의 10%만 공제를 받을 수 있습니다.

부가가치세로 800만 원을 넘게 지불했는데 80만 원만 공제해 준다는 뜻이고, 일반과세사업자와는 달리 부가가치세를 지불하는 족족 해당 금액의 90%는 무의미한 지출이라는 결론을 얻을 수 있습니다.

그래서 간이과세사업자로 시작하는 신규사업자는 가능한 한 부가가치세를 포함하지 않은 가격으로 구매하는 것이 이득입니다. 적격증빙을 수취하지 못하면 종합소득세 신고 시 세금폭탄을 맞을 수도 있다는 엄포를 놓는 경우도 있습니다.

하지만 처음이라 잘 모르는 초보창업자가 연 매출 1억 5,000만 원을 초과하기 어렵기 때문에 신규사업자의 자격으로 종합소득세 신고 시 추계신고가 가능하고, 단순경비율을 적용받으면 적격증빙 자체가 필요 없습니다.

해당 사례의 경우 연 매출이 3억 원을 초과한 신규사업자로 기준경비율로 신고해야 하기 때문에 적격증빙이 필요한 경우입니다. 해당 사례의 사장님은 애초에 그런 모든 지식을 알고 시작했기 때문에 잘 정리해 두셨습니다.

그리고 이번 부가가치세 신고 결과, 납부할 부가가치세는 0원입니다. [입력완료]를 누르면 저장 후 다음과 같은 팝업창이 뜹니다.

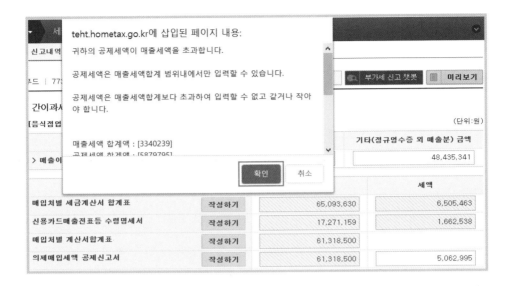

		금액	세액
매입처별 세금계산서 합계표	작성하기	65,093,630	6,505,463
신용카드매출전표등 수령명세서	작성하기	17,271,159	1,662,538
매입처별 계산서합계표	작성하기	61,318,500	
의제매입세액 공제신고서	작성하기	61,318,500	5,062,995

'귀하의 공제세액이 매출세액을 초과합니다.'라는 메시지로 시작합니다. 이 메시지의 의미는 일반과세사업자의 경우 환급을 해 주겠지만 간이과세사업자이기 때문에 환급해 주지 않겠다는 뜻입니다. [확인]을 클릭해 다음 화면으로 이동합니다.

 TIP

매출세액을 초과하는 공제세액은 의제매입세액 공제금액에서 자동으로 차감됩니다. 그래서 의제매입세액 공제금액이 5,062,995원이지만 최종신고서에는 2,523,439원으로 자동 계산됩니다. 이는 매출세액 3,340,239원에서 공제세액 816,800원의 차액인 2,523,439원만 의제매입세액으로 인정하여 공제세액 초과분이 없는 것으로 정리하기 위한 일종의 짜맞추기라고 생각하면 됩니다. 결론은 간이과세사업자는 매입세액이 매출세액을 초과하더라도 환급을 받을 수 없다는 것입니다.

그러면 신고내용을 확인할 수 있는 화면으로 이동합니다.

신고내용 확인 및 신고서 제출

영세율 적용분	(5)	0		0/100	
재고납부세액	(6)				0
합계	(7)	334,023,950		㉭	3,340,239

◉ 공제세액(단위:원) 【작성하기】

항목		금액	부가 가치율	세율	세액
매입세금계산서 등 수취세액공제	(8)	8,168,001			816,800
의제매입세액공제	(9)	61,318,500			2,523,439
매입자발행세금계산서 세액공제	(10)	0			0
전자신고세액공제	(11)				0
신용카드매출전표 등 발행세액공제	(12)	285,588,609			0
기타	(13)	0			0
합계	(14)			㉯	3,340,239

◉ 가산세(단위:원) 【작성하기】

항목		금액		세율	세액
미등록 및 거짓등록 가산세	(17)	0		5/1,000	0
신고불성실 무신고(일반)	(18)	0		20/100	0
신고불성실 무신고(부당)	(19)	0		40/100	0
신고불성실 과소신고(일반)	(20)	0		10/100	0
신고불성실 과소신고(부당)	(21)	0		40/100	0
납부지연 가산세	(22)	0		납부지연일수 1일당 25/100,000	0
결정·경정기관 확인 매입세액 공제 가산세	(23)	0		1/100	0
영세율 과세표준 신고불성실 가산세	(24)	0		5/1,000	0
매입자납부특례 거래계좌 미사용	(25)	0		10/100	0
매입자납부특례 거래계좌 지연입금	(26)	0		입금지연일수 1일당 25/100,000	0
합계	(27)	0		㉰	0

차감 납부할 세액 (환급받을 세액) (㉭-㉯-㉱-(16)+㉰)	(28)❶	0

◉ 수입금액 명세(단위:원) 【작성하기】

과세표준명세금액 ❷	334,023,950 원	면세사업수입금액	0 원

◉ 국세환급금 계좌신고(단위:원)

거래은행	해당없음 ∨	계좌번호	
			('-' 는 제외하고 입력하십시오)

❸

【이전】 【신고서 입력완료】

❶ '차감 납부할 세액(환급받을 세액)'이 0원인 것을 확인합니다. 만약 0원이 아니라면 앞서 언급한 신용카드매출세액공제를 받지 못했을 것이기 때문에 한 번 더 확인하기 바랍니다.

❷ 과세표준명세금액이 334,023,950원입니다. 종합소득세 신고 시 수입금액으로 고지될 것입니다. 정확히 일치하지는 않습니다. 신용카드매출 세액공제 금액을 합산한 금액이 고지되기 때문입니다.

❸ 확인이 끝나면 [신고서 입력완료]를 클릭해 다음 화면으로 넘어갑니다.

'신고내용요약' 내용을 확인합니다. 확인이 끝나면 [신고서 제출하기]를 눌러 신

고서를 제출합니다. 신고서를 제출한 후에도 수정신고가 가능하며 5년 이내에 경정청구도 가능합니다.

계속해서 간이과세사업자의 지위를 유지하는 것은 바람직하지 않습니다. 더 많은 매출을 달성해서 일반과세사업자로 전환되는 것이 마땅합니다. 일반과세사업자가 되면 적격증빙을 더 잘 수취하고 장부 기록도 더 꼼꼼하게 해서 매달 부가가치세를 제대로 계산할 수 있는 사업자가 되시기 바랍니다.

이것으로 간이과세사업자의 부가가치세신고까지 마무리 했습니다. 수고 많으셨습니다. 사장님의 사업이 번창하시길 기원합니다.

홈택스 부가가치세 신고가 이렇게 쉽다고?

초판 1쇄 발행 | 2021년 6월 10일

지은이 | 정효평, 최용규
펴낸이 | 이은성
편 집 | *e*비즈북스 편집부
디자인 | 전영진
펴낸곳 | *e*비즈북스

주 소 | 서울시 동작구 상도동 206 가동 1층
전 화 | (02)883-9774
팩 스 | (02)883-3496
이메일 | ebizbooks@hanmail.net
등록번호 | 제379-2006-000010호

ISBN 979-11-5783-214-9 03320

*e*비즈북스는 푸른커뮤니케이션의 출판 브랜드입니다.